বাতাস ছুঁয়ে গেলো

গোবিন্দ সিংহ

ISBN 978-93-5610-351-1
© Govind Singh 2022
Published in India 2022 by Pencil

Published in India 2022 by PencilA brand of One Point Six Technologies Pvt. Ltd.123, Building J2, Shram Seva Premises,Wadala

Truck Terminal, Wadala (E)

Mumbai 400037, Maharashtra, INDIAE connect@thepencilapp.comW www.thepencilapp.com All rights reserved

সমস্ত রকম এডিটিং পি,ডি,এফ পেজ ও ফাইল মেকার -

স্ব- বাক প্রকাশনী

E-mail- bananipatra200@gmail.com

Phone no -9143098660

উৎসর্গ:- আমার মা শান্তি লতা সিংহ - এর চরণ কমলে...যিনি ২০১৯ শে স্বর্গবাসী হয়েছেন।

মুখবন্ধ

"বাতাস ছুঁয়ে গেলো"

আজ ডিজিটাল , ইলেকট্রনিকস এর যুগে আমরা সকলে কাছে বসে সব কিছু পেতে চাই, রিমোট হাতে থাকবে - টিভি, এসি,ফ্যান চলবে, কাছে যাব না। মজাই আলাদা,এমনকি আমাজন, ফ্লিপকার্ট সবকিছু নিয়ে কাছে আসবে - ব্যাংকে যাবার দরকার ই নেই - ফোন পে ,এমাজান পে ,ভিম অ্যাপ আরো কত কিছুই তো ঘরে বসে হয়ে যায়।কোনো লেখা আর কষ্ট করে পড়তে ইচ্ছা করেনা তবু মনের ভাষা,মনের ব্যথা, অভাবী অসহায় মানুষের করুণ চাপা কান্না, প্রতিবাদী যুবকের নির্বাক যন্ত্রনা, শাসকের চাপে - মানুষ কোণঠাসা আজও অহরহ আলিতে গলিতে।কলমের আঁচড়ে কাগজের বুকে লিপিবদ্ধ করবার বাসনা তো থেকেই যায় , সেই সাম্প্রদায়িকতা ,শ্রেণী বৈষম্য কুরে কুরে খায় কিছু মানুষ কে ।যদি ওই ব্যাস্ত মানুষেরা এক বিন্দু মনোনিবেশ করেন,

আজকালকার নবীন লেখকের রক্তক্ষরণ প্রাণোচ্ছ্বল কৃতিত্ব কোনো অংশে কম যায় না।

বড়ো কথা সাহিত্যের প্রতি বাঙালির হৃদয়ে উদাসিনতা আসেনি। ভারতবর্ষের ইতিহাসে অন্য কোনো ভাষা-ভাষীর চেয়ে বাংলা ভাষায় সাহিত্য রচনা এবং সাহিত্যের প্রতি বাঙালির যে ওতপ্রোত টান এক বড়ো উপলব্ধি। নতুন, পুরানো সকল লেখাকেই আমরা সাদরে গ্রহণ করেছি। কমবেশি সময়ের অভাবে নতুন পাঠক বন্ধুরা কাঁচা হাতের লেখকদের বই পাঠের তেমন আগ্রহ দেখা যাচ্ছে না। আশা করি আমার প্রথম কাব্যগ্রন্থ "বাতাস ছুঁয়ে গেলো" বইটি সকল পাঠক বন্ধুদের মনের খোরাক জোগাতে পারবে। কবিতার মধ্যে দিয়ে আজকালকার দৈনন্দিন জীবনের পৃষ্ঠ ভুমিকে তুলে ধরা হয়েছে, সাথে সাথে বিভিন্ন ধরনের বিশ্লেষণাত্মক কবিতার সমাহার পাওয়া যাবে। আমি মনে করি পাঠক বন্ধুরা ই ভালো মন্দের সমালোচক। এর সমস্ত গুণ বিচার পাঠক বন্ধুদের উপর।

কবি পরিচিতি:-

গোবিন্দ সিংহ :- পিতা গনেশ চন্দ্র সিংহ মাতা শান্তি দেবীর দ্বিতীয় পুত্র গোবিন্দ সিংহ এক নিম্ন মধ্যবিত্ত পরিবারে জন্মগ্রহণ করেন। তার বাল্যকাল অভাব অনটনের কারণে অনেক পরিশ্রমী করে তুলেছিল। উত্তর ২৪ পরগণা বাগদাহ উচ্চ বিদ্যালয় থেকে মাধ্যমিক পাশ করে হেলেঞ্চা উচ্চতর বিদ্যালয়ে হায়ার সেকেন্ডারি পাশ করেন। এরপর মামাদের অর্থ সাহায্যে গোবরডাঙ্গা হিন্দু কলেজ থেকে বি.কম. স্নাতক ডিগ্রি অর্জন করেন। সাংসারিক অবস্থার অবনতির কারণে আর শিক্ষা প্রাপ্ত, হয়নি।

জীবিকা অর্জনের উদ্দেশ্যে প্রাইভেট কোম্পানিতে চাকরি করেছেন। বর্তমান দিল্লীতে স্থায়ী ভাবে আছেন।

সাহিত্যের প্রতি গভীরভাবে উদ্বিগ্ন হয়েছেন রবীন্দ্রনাথ, নজরুল, বঙ্কিমচন্দ্র, শরৎচন্দ্রের ও বিভিন্ন লেখকের কবিতা উপন্যাস মনের মধ্যে ভীষন দাগ কাটে।

শুরু হয় নিজের স্বপ্নকে বাস্তবে রূপ দেওয়া। একটার পর একটা কবিতা লেখা, তখন ডিজিটাল ছিল না ডাইরির পাতায় রয়ে গেছে সব। বিবাহের পর সাংসারিক জীবনে ব্যস্ততার জন্য আর হয়ে ওঠেনি কিন্তু সাহিত্য রচনা মনের থেকে মেটেনি। আবার শুরু হয় দৃঢ়তার সাথে পথ চলা,,।

সূচিপত্র

১) যেতে নাহি চাই.................................12

২) মুক্তি.................................14

৩) যেমন চলছে তেমন চলুক.................................16

৪) আশা ভালোবাসা.................................18

৫) ভূতের বালাই................................. 20

৬) নিবেদন.................................23

৭) বাঁচার লড়াই.................................26

৮) সংশয়................................. 28

৯) অপরিসীম দান.................................30

১০) চিরকুমারী.................................32

১১) বিদায় দু'হাজার বিশ.................................35

১২) খেটে খাওয়া মানুষ 36

১৩) অমূল্য সম্পদ.................................39

১৪) কি দিয়ে বাঁধবো তারে.................................41

১৫) শ্যাম কেন বাজায় বাঁশি.................................44

১৬) বাঁধন ছেঁড়া.................................47

১৭) চিত্ত জয়ী...49

১৮) আমার ভালোবাসা.................................51

১৯) মন পাগল...54

২০) প্রার্থনা..56

২১) বরণ ডালা.......................................58

২২) অভাগিনী...59

২৩) কৃষ্ণ প্রেম..65

২৪) ফাগ মিলন.......................................67

২৫) নীলপরীর দেশ...................................69

২৬) যখন উঠলো বেজে বাঁশি......................71

২৭) আষাঢ়ের প্রথম বর্ষা 73

২৮) ওরা কথা কয়না................................75

২৯) সোনার ফসল....................................77

৩০) শেষ কথাটি.......................................78

৩১) এক পশলা বৃষ্টি 82

৩২) অচ্ছুত আমি নই.................................83

৩৩) এমনি বর্ষার দিনে..............................85

৩৪) সবকিছু দিয়েও যাদের নাম হয় না..........87

৩৫) এলো এলো দুর্গা এলো........................89

৩৬) গোপন প্রেম.....................................93

৩৭) অব্যক্ত প্রেম ৯৫

৩৮) শেষ বেলা ৯৬

৩৯) রাধা জলকে চলে ৯৮

৪০) আমি চেয়েছি তোমারে ১০০

৪১) আলো জ্বালো প্রভু ১০২

৪২) অজানার পথে ১০৩

৪৩) দহন ১০৫

৪৪) ক্ষণিকের জন্য ১০৭

৪৫) তোমার হাতের পরশ পেয়ে ১০৮

৪৬) অভাবনীয় প্রকট ১০৯

৪৭) কালরাত্রি ১১০

৪৮) একটি তারা ১১২

৪৯) করো চিন্তন ১১৩

৫০) প্রথম যৌবনে বসন্তের মিলন ১১৬

৫১) জীবন নৌকা ১১৮

৫২) জয়ের গান ১২০

৫৩) দ্রৌপদীর স্বয়ম্বর সভায় কর্ণ ১২২

৫৪) রাধা বড়ো অভিমানী ১১৬

৫৫) স্মৃতির মোহ ১২৮

৫৬) পরশমণি ১২৯

৫৭) গরিবের ভগবান...................................... 131

৫৮) ভালোবাসার দাড়ি কমা 135

৫৯) একটি গ্রাম... 137

৬০) লঘু কথা... 138

৬১) কৌতূহল.. 141

৬২) পৈশাচিক অত্যাচার কেন......................... 143

৬৩) পিতৃ ধন 146

৬৪) প্রবঞ্চক.. 147

৬৫) চরণ দাসের ঘাটের কথা........................... 150

৬৬) পরপীড়া 152

৬৭) মিলনের ডাক.. 153

৬৮) আর নয়... 155

যেতে নাহি চাই

দেব নাহি যেতে পারিনা কহিতে

আশায় বাঁধিয়া তারে।

অনেক গোপনে রেখেছি যতনে

বক্ষের কুঠি পিঞ্জরে।।

কে আছে এমন ছাঁড়িবে ভুবন

অপূর্ণ আশায় রেখে।

ঘুরে দ্বারে দ্বারে খুঁজি আমি তারে

পলক বিছায়ে আঁখে।।

দেখিয়া সুরত গড়িবো মুরত

হৃদ মাঝে দেব ঠাঁই।

বসিয়া দু'জনে মজিব কীর্তনে

নিত্য সুখ যেন পাই।।

অপরূপ রূপ বিষ্ণুর স্বরূপ

বাতাস ছুঁয়ে গেলো

দরশনে কর পূর্ণ।

ভগবতী সাথ   করি প্রণিপাত

জীবন হোউক ধন্য।।

কহিতে চাইনা   সুখতো পাইনা

সৃষ্টি তোমার ভুবনে।

স্বার্থ পর হেথা   ঘোরে যথাতথা

মনের চোরা কাননে।।

মৃত্যু রূপ ধরে   যদি কেহ মোরে

প্রভু, ডাকে বারে বারে।

ভীরু এই মন   রাখে নিবেদন

ক্ষমা কর একবারে।।

জাগে আজ নেশা   পূর্ণ করি আশা

ভুলিয়া এতেক দিনে।

মজে রঙ্গ রসে   আত্মা গেছে ভেসে

সাধন করি কেমনে।।

বাতাস ছুঁয়ে গেলো

বাঞ্ছিত আশায়   রহিব ধরায়

তুমি গোলকের নাথ।

চরণে তোমার   নিবেদা আমার

পুরে অকিঞ্চন সাধ।।

মুক্তি

ভোরের আকাশে সোনালী পরশে

রাঙিয়ে দিয়ে উঠেছে নুতন সূর্য্য ঐ।

অন্ধকার ঘুচিয়ে,রশ্মী ছড়িয়ে--

মুক্তি করেছে ভুবন মাঝের প্রাণী ঐ।

আজিও যেথায় মুক্তির আশায়,

ভুলের পিছনে ছুটছে সবাই।

মাতাল হয়ে অন্ধ পথে ঢুকছে কেহ

গারদ ঘরে। পথ হারিয়ে পথে পথে

খোঁয়াচ্ছে যে জীবনটাকে অকাতরে।

রঙিন স্বপ্ন বেঁধে নিয়ে খুঁজিছে

ঐ মাঝে; মিথ্যা সকল সৃষ্টিরে।

পূবালী বায়ু বইবে কবে,কবে

ভাঙবে এদের ভুল ?বুঝল না হায়

মানুষই দেবতা ধর্মের মুল।

আয়রে সবাই ছুটে আয়,বাসব ভালো

মানুষ এবার ; ছোট্টো যারা

ফুলের মতন ,মারব না আর

মারব না। তাদের উপর অত্যাচারের

চাবুক আর ছুঁড়ব না। শিক্ষার আলো

দিয়ে তাদের গড়ব দেশের ভবিষৎ।

মিথ্যা কেন খাঁটিয়ে মারি;

জ্ঞানের আলো দুরে রেখে;আয়ের পথে

ছুড়ে মারি। নিস্পাপ শিশুরা হচ্ছে হত্যা

হাজার হাজার গৃহস্থ বাড়ী ? ঐ

শহরের ফুঠপথে ? টাকার নেশায়

ভুকছে মানুষ জ্বরের মত অনাচারে।

সব ফেলে আয় মুখ খুলে বল

সাম্য দিয়ে গড়ব মোদের দেশটাকে।

যেমন চলছে তেমন চলুক

বাঘের ভয়ে উঠল গেয়ে

হরে কৃষ্ণ নাম।

যতিন বলে শোনরে শালে

এ নয়তো পুরীধাম।।

এই জঙ্গল হয় মঙ্গল

 যদি করো।

বাঘের ভয়ে বাঁচতে চেয়ে

দু'পা জড়িয়ে ধরো।।

বুক ফুলিয়ে মাথা উঠিয়ে

চলে মস্ত চালে।

লজ্জা শরম ধরম করম

নেই কোনো কালে।।

ঠকায় ওরা অবোধ যারা

পেয়ে শান্ত মন।

বুঝে শুনেও চুপ থাকে ঐ

জ্ঞানী গুণী জন।।

চোরের ভাই রামু কসাই

 বিদ্যে নেই পেটে

ঠাঁঠ্ বাঁট্ টা এমন সেটা

মস্ত পন্ডিত বটে।।

দেশের খেয়ে দশের হয়

দেশটা দিল গোল্লাই।

এদের ঠিকানা কেউ পাবেনা

যতই পাব্লিক চিল্লাই।।

যতিন বলে শোনরে শালে

যেক'টা দিন বাঁচি।

মানুষের মাঝে কুকুর সেজে

এদের হয়ে আছি।।

আশা ভালোবাসা

নতুন প্রভাতে   রবির আলোতে

গাই জীবনের গান।

ফুলের মতন   রাখিয়া যতন

ধরি যত সুর তান।।

ফুলের সুবাসে   অলি উড়ে আসে

নাচে পায় রেণু মেখে।

তালে তালে নাচে   কিঙ্কিনী ঐ বাজে

ভরে মন তাই দেখে।।

বাতাসে দোলায়   শুকনো পাতায়

খসে পড়ে ভূমি তলে।

শিশিরের বিন্দু   শুভ্র মুক্তা সিন্ধু

ঘাসের মাথায় দোলে।।

সেই চকোরিণী   পূর্ণ বিলাসিনি

চাঁদিমা রাতের পরী।

মনের ভাবনা   যতই অজানা

নিশিতে যৌবন ধরি।।

ক'রে কানাকানি   শুনবো বাখাণী

পুরাবো মনের আশা।

বিজন বাতাসে   পাই যেন পাশে

চিরন্তন ভালবাসা।।

ভূতের বালাই

সেদিন রাতে গল্প শুনবে

ঠ্যামির কাছে ভাই,

সবাই মিলে পা জড়িয়ে

ধরলো কসে তাই।

খোকলা দাঁতের ফোকলা হাসি

মিষ্টি কথা কয়,

ভূতের গল্প ধরলো শেষে

সুড়সুড়ি দেয় পায়।

পূর্ণিমা রাতে পেত্নী নাচে

শেওড়া গাছের নিচে,

অমাবশ্যায় ভূতের মজলিস

বাঁশ বাগানের কাছে।

হাত পা গুলো সরু সরু

মাথায় ঝাঁকড়া চুল,

চোখ গুলো সব ঢ্যাবা ঢ্যাবা

যেন ধুতরো ফুল।

মিনু ছিল ছোট্ট মেয়ে

এই কথা না শুনে?

লম্ফ দিয়ে ঠ্যামির কোলে

চড়লো গলা টেনে।

গেঁজেল ভূত ছিল অনেক

শনিবারের দিন,

সারা রাত মাছ ধরে আর

নাচে ধিন ধিন।

আছে কিছু ডেপো ভূত

আনাচে কানাচে ঘোরে,

সুযোগ পেলে বোকা মানুষের

ঘাড় মটকে ধরে।

বাতাস ছুঁয়ে গেলো

যাসনে তোরা রাতের বেলা
ঘরের বাইরে কেউ,
এখন শুনি ভূতের পিছনে
লাগে নাতো ফেউ।

তাল তেঁতুল বাবলা গাছে
সত্যি ভূত আছে,
তোদের মত ছোট্ট বাচ্চা
যাসনে তার কাছে।

ভূত যাবে মামার বাড়ি
উঠলো বাতিক তাই,
সেথায় গিয়ে নাদুস নুদুস
মানুষ যেন পাই।

চার পাঁচটা বাচ্চা ধরে
আনবো খালের পাড়ে,
রাখবো তাদের অনেক দিন

বাতাস ছুঁয়ে গেলো

ভূতের বাচ্চা করে।

গা শিরশির করে উঠে

বসলো এঁটে সেঁটে,

ঠ্যামি তুমি ক্ষান্ত করো

ভয়টা যাক্‌ কেটে।

নিবেদন

শুভ্র হোক রক্তিম হোক

চন্দনের এক ফোঁটা,

দিসরে বোন কপালে তুলে -

ছোট্টো একটি টিকা।

ধান দুর্বা আগরবাতি

রাখিস না বাকি,

পাই যেন তোর আশির্বাদ

যায় না যেন ফাঁকি।

বাতাস ছুঁয়ে গেলো

মৃত্যুঞ্জয় নাই বা হলাম?

যেটুকু জীবন ধরি,

মান সম্মান সংসারে তোর

রাখতে যেন পারি।

অমূল্য তোর হাতদুখানি

লক্ষণ রেখা বাণী,

বাঁধা বিঘ্ন কাটাস তুই,

ভাইয়ের সুখে জানি।

ঘরে ঘরে আছে কদর

তোর চরণ দুটি ছুই,

কু'নজরে দেখে যে তোরে

হোস অসুরনাশিনী তুই।

বুঝতো যদি অন্তর দিয়ে

সবাই তোর কথা,

মাতৃ,বনিতা,ভগ্নী রূপে

আছিস যথা তথা।

হতো না ধর্ষণ জ্বলত না দেহ

পড়তো না আর গালি,

অপমানে দিত না কেউ

নির্লজ্জের হাততালি।

তবুও তুই যমের দুয়ারে

দিস রে কাঁটা,

অপদার্থ লক্ষ্মী ছাড়া

ভাইগুলো রে হটা।

স্নেহ মমতা ভালোবাসা

বোঝে না তোর ভাষা,

হায়নার মতো ঝাপট মেরে,

দেখে রে তোর তামাশা।

বন্ধ করো এদের প্রতি

দয়া ভিক্ষা যাচা,

শক্ত হাতে শিখিয়ে দাও

বাতাস ছুঁয়ে গেলো

কি করে যায় বাঁচা।

ত্রিশূল হাতে অগ্নি চোখে

অসুর নাশিনী হয়ে,

দূর্গা মায়ের রূপ ধরে আয়

বিজয় কেতন গেয়ে।

বাঁচার লড়াই

এ নহে শেষ দরজা আমার,

ভাঙতে হবে আরও অনেক-

গড়তে হলে সুষ্ঠু জাতের সমাজ।

হয়তো আমার তরে আছে বাধা,

ভাঙবো একদিন দেখবো সেথায়

চোখ মেলেছে নতুন আলোর আশা।

হয়তো বা আসন পেতে বসে আছে

বিজয় মালা নিয়ে হাতে,

বাতাস ছুঁয়ে গেলো

ওরে আয় চলে আয় আমার ডাকে-

অনেক হয়েছে জাত-বেজাতের খেলা,

নতুন করে আবার কেন ?

ধর্মের গোঁড়ামি গড়া।

শাসকেরা চায় ভেদাভেদ সত্তার লোলুপ নেশা,

ছিন্নভিন্ন হলে মোরা ওদের ভারি মজা,

অর্থনীতি কর্মসংস্থান সবই যাচ্ছে পিছে,

তবুও দেখো আবাল,বৃদ্ধ, যুবক যত

খেপেছে জাতের ধ্বজা নিয়ে।

স্বার্থান্বেষী কিছু লোক থাকে সময়ের অপেক্ষায়,

ধর্মের গোড়ায় তারাই আগুন জ্বালায় ,

বিভ্রান্তী সৃষ্টি করে যথেষ্ট ক্লেশ বাঁধায়,

ওরে সবুজ ওরে অবুঝ হোসনে দিশাহারা,

পাষণ্ড ঐ মানুষগুলো সমূলে তুই ওঠা?

উন্মাদের ন্যায় অট্টহাসিতে শশ্মানে তুই পোড়া।

সৎ বুদ্ধি, শক্ত হাতে ধর দেশের হাল

দেশটা কি যাবে গোল্লায় শোষণের যে তাল!

নিস্পেষিত উপেক্ষিত আছে যতজন,

তাদের হাতেই রবে বাঁচা মরার কল।

27

শেষ দরজা নয়তো এ আরও অনেক আছে,

যতক্ষণ না মুক্তি পাবি, মশাল নিয়ে এগিয়ে যাবি,

আমার জয়ধ্বনির পিছে।

ওঠবে তোদের আওয়াজ সহস্র সিংহনাদ!

দেখবি একদিন পালাবে ঐ রক্তচোষা, ভয়ঙ্কর সব, শাসক
গোষ্ঠীর দল।

সংশয়

বলোনা প্রিয় কি আছে

সেই গোপন কথা,

পথটি চেয়ে বসে আছি

ভিজিয়ে আঁখিপাতা।

দিন গেলো বরষ গেলো

হলোনা তোর দেখা,

কাতর কোমল প্রাণখানি

যায় না ধরে রাখা।

বিজন বাতাসে শীতল পরশে

উড়িয়ে আঁচল খানি,

গেয়েছি গান, ধরে সুর তান

মুক্ত আকাশে জানি।

দিন রাত কাটে সজনী

চাতকে প্রাণ ধরে,

দু'নয়নে বহে নদীর ধারা

গোপনে অশ্রু ঝরে।

উড়েছি বলাকার সাথে

সারাটা দিন ধরে,

এখনো কি গোপন কথা

থাকতে তোমার পারে?

বেঁধেছি আমি বেঁধেছো তুমি

আশার স্বপ্নের নীড়,

পাই যেন ঠাঁই ওই চরণের

যেথা মানুষের ভিড়।

অপরিসীম দান

হে দিনমণি কে খুলিলো দ্বার

ভোরের আগমনে তোমার,

নিমন্ত্রণ দিলো বিচরণে হেথা

জাগিয়া কাটিল প্রহর।

নিত্য তোমার যাওয়া আসা

দিলে আলো পূত ধরায়।

খুশির জোয়ারে আনিলে জগত

সবুজে শ্যামলে ভরায়।

উঠিলো মাতিয়া জীবন তরঙ্গ

খুশির ভূবন মাঝে রে,

কলরবে সব গাইলো গান

ভোরের পথিক সেজে রে।

বাতাস ছুঁয়ে গেলো

তপন তাপের তপ্ত ভূমির

শীতল শ্রাবণ ধারায়,

যৌবনের জ্বালা মিটায় যে আশা

প্রিয়ার হাতের ছোঁয়ায়।

নিরবে কাটায় গোধূলি বেলায়

স্বপ্নের জাল বুনিয়া,

ব্যগ্রতা ভরায় রাত্রির প্রহর

বেদনায় রয় জাগিয়া।

ঘুমিয়ে আছে যতেক প্রাণী

জ্ঞান হারা সব নিদান,

কোনো দিন যদি না হও উদয়

হবে জীবন, মৃত্যুর সমান।

সৃষ্টির হাতের অসীম রচনা

তোমায় করেছে প্রবল,

জগত জুড়িয়া সদা কৃর্তিমান

অসীম তোমার বল।

চিরকুমারী

হে নারী,,

তুমি গগনে গর্জিত মেঘ

তুমি নবীন বরণ আলো।

তুমি বহ্নিশিখা! তুমি নূর প্রভাতের,

জোৎস্না রাতে চাঁদের আলো।

ভোরের ধ্রুবতারা, অন্ধকারে ধুমকেতু,

নিমেষে আলেয়ার মত জ্বলে ওঠো।

তোমার কামনায়, বাসনায়-

কতশত পুরুষেরা প্রাণ দেয় আহুতি।

কখনো তুমি নির্মম , কখনো পাষাণ

কঠোর, তুমি শক্ত অতি।

তুমি অভেদ্য তুমি স্থির,

তুমি নির্বাক দাঁড়িয়ে গিরি ।

প্রচণ্ড বেগে পবনের গতি

প্রতিরোধে স্থির মতি ।

তুমি উত্তাল সমুদ্রের ভয়ঙ্কর!

জলোচ্ছাসের সাইক্লোন ।

প্রচণ্ড বেগে কালবৈশাখীর

নৃত্যে ধরনী করো তছনছ।

তুমি অশান্ত, দুরন্ত, দূর্বার বেগে-

মুহূর্তে তুমি নটরাজ রূপে।

প্রলয়ের তাণ্ডবে ধরো প্রতিশোধে

আপনার নিজ মূর্তি।

তুমি অসীম তুমি সীমার মধ্যে

রাখোনি নিজ স্বত্বা বেঁধে,

উড়িছে দামিনী চৌদিকে,

তুমি আলোর বেগে ছুটেছো

প্রতি ঘরে ঘরে; ক্লান্তি নেই

তব মনে, বিষন্নতা নেই তোমার মাঝে।

তুমি শতদল তুমি শিউলি,

কেতকী,গন্ধে তুমি গন্ধরাজ,

শুকনো গোলাপের পাপড়ি,

বাতাসে ভেসে অনিন্দ্য দোলায়-

দুলেছো মনের মণিকোঠায় ।

তুমি উর্বশী তুমি মেনকা, রম্ভা

তুমি তিলোত্তমা ! কামদেব-

তোমাতে পরাজিত; চঞ্চল মতি তুমি,

কত মুনি ঋষি হয়েছে প্রতারিত।

তুমি অজ্ঞ, তুমি বিজ্ঞ, পুরুষেরে

করেছো অশান্ত! তুমি আশ্চর্য

আজিও ধরণীর উপর!

তব গুণ লাবন্যে অপরিসীম,

পরিমাপ করেনি কেউ একবার।

তুমি নির্মল, তুমি শান্ত,

তুমি ধীর মতি অতি,

তুমি চঞ্চল তুমি চপলতার শিরোমণি।

তুমি কামিনী কাঞ্চন পূর্ণ ইন্দু,

ষোলো শৃঙ্গারে সজ্জিত অতি সুন্দরী।

রয়েছো সর্বদাই তুমি পুরুষের কাছে চিরকুমারী।

বিদায় দু'হাজার বিশ

তোকে বিষন্ন মনে জানাচ্ছি বিদায়!

হয়তো তুই অনেক দুঃখ দিয়েছিস তাই,

তবুও গ্রহণ করেছে সবাই

আনন্দ উল্লাসে, হয়তো কোনো মিথকের ভুল ভাঙবে।

কিন্তু হলো না! তুই সৃষ্টি করলি-

এক অপরিসীম ক্ষত-বিক্ষতের পরিভাষা।

হাজারো প্রশ্ন রেখে গেলি শতাব্দীর প্রথমার্ধে?

সে বিভেষিকার মুল মন্ত্র কেউ খুঁজে পাবে না!

মৃত্যু দেহ গণনা করাই যথেষ্ট নয়,

সরকার থেকে শুরু করে সুযোগ সন্ধানীরা

যে যেখানে পেয়েছে সুযোগ সেখানেই করেছে জনগণের
শোষণ।

তাইতো দু'হাজার বিশ-

ইতিহাস লিখে যাবে তোর নামে, 'করোনা'

মৃত্যু প্রায় অর্থব্যবস্থা,কৃষক আন্দোলন ঘরে ঘরে,

কর্ম বিহীন শ্রমিক ভরেছে ভারতের গর্ভে;

আরও অপবাদ নিতে হবে তোকে!

শিক্ষার ক্ষতি হয়েছে কতখানি তার কি পুরোন হবে কোনো
দিন?

হে দু'হাজার বিশ-

এমনই যদি চলে আরোও তোর সৃষ্টির অপকর্ম,

সে তো সয়ে নেবো আমরা এমনই এক জীব।

খেটে খাওয়া মানুষ

ওরে আমি যাবো না আর

মন্দির মসজিদ গির্জা ঘরে,

দুঃখ সেথায় ঘোচে নাকো

আচার বিচার শিষ্টাচারে।

খুব দেখেছি,মানুষ লাঞ্ছিত হয়

দুষ্টু লোকের অত্যাচারে;

দুহাতে ধন লুটছে তারা

বাতাস ছুঁয়ে গেলো

ভগবানের নামে শপথ করে,

সাদাসিধা লোক গুলো ভাই

কেন ওদের ফাঁদে পড়ে।

দুঃখে কষ্টে আছে যারা মাটির পরে,

এক মুঠো ভাত পায় না তারা পেট ভরে!

তাদের নিয়েই করলো যারা,

আকাশ ছোঁয়া অট্টালিকা;

কোথায় তাদের মনের ব্যথা,

লুকিয়ে আছে কেউ জানে না।

জীবন ভরে মাথার ঘাম পায়ে ফেলে,

দিলো তারা সবকিছু উজাড় করে,

কাদের সুখে বলিদান দিচ্ছে

তারা নিজের সুখ অন্ধকারে;

বলতে পারো আজও তাদের

ঘর কেন পথের ধারে?

ওই দেখো পাঁজর গুলো যাচ্ছে গুনা ?

নেই কোনো সুখ নেই কোনো দুখ,

ওদের স্বপ্ন গুলো, স্বপ্নেই ভাসে,

নেই কোনো হা-হুতাশ!

তোমরা যারা বাবু ? তাদের সুখেই

করে ওরা প্রার্থনা;

তোমরা থাকলে তারা বাঁচে

এই তো ওদের সাত্ত্বনা,

এমনি করেই দিন চলে যায়

এটাই সৃষ্টির বিড়ম্বনা।

 ওরে এমনি যদি চলে ধরা!

উঠবে যেদিন হাহাকার,

কোথায় রবে ননীর পুতুল

খেলাই যাদের ভোগবিলাস?

শাসন শোষণ একহাতে নয়,

দেরে ওদের অধিকার;

নিচু তলায় আছে যারা

ওরাই এক দিন গড়বে দেশের ভবিষ্যৎ।

অমূল্য সম্পদ

ভাড়ার ঘরে চোর ঢুকেছে

আমি ধন রাখবো কোথায়।।

সে ধন যায় না দেখা দেয় না ধরা

এমনি দিলেও কেউ নেয়না;

তার যে চাই রত্নধন ভোগবিলাসী

তাইতো সে বৃথাই দিন রাত ঘুরে মরে;

সুখের তরে এমনি জীবন দুঃখে কাটায় ।

আমি ধন রাখবো কোথায়।।

খোলা ঘরে আছে পড়ে অমূল্য ধন,

একবার চুরি করে দেখনা তারে;

পাবিরে সেথায় স্বর্গ সুখ হবি মৃত্যুঞ্জয়ী

ভজিস্ তাঁরে করোজড়ে দিব্য চক্ষু দিয়ে,

ওরে মনচোরা, ঘুরিস না আর দেশে দেশে,

সব দেশেতে একই সুখ বয়সের হেরে ফেরে,

বাতাস ছুঁয়ে গেলো

সময় থাকতে ধর তাঁরে নয় পাবিনা অবেলায়।

আমি ধন রাখবো কোথায়।।

পড়লো রে চোর গোলক ধাঁধাঁয়

ঘর যে তার নিজের নয়,

চুরে করে রাখলো ধন

ভরে পরের গোলায়।

আসবে যে দিন সেই দিনের ডাক

ছাড়তে হবে আপন পর,

থাকতো যদি সেই গুরুধন

আজ কান্ডারী তোর হতো সহায়।

আমি ধন রাখবো কোথায়।।

এই দেহ ঘরে, মন হলো চোর-

স্ত্রী পুত্র লোভ লালসায়,

মজে তুই কাম বাসনায়;

ভাবলি সবই তোর আপন সম্পদ,

হরি নামের যে ধন আছে খালি পড়ে,

বুঝলি না তারে কোনো কালে;

বাতাস ছুঁয়ে গেলো

মন উতলা হবে একদিন,

জবাব কি দিবি তারে?

আসবে যেদিন শেষের বেলায়।

আমি ধন রাখবো কোথায়।।

কি দিয়ে বাঁধবো তারে

চল যাই পৌষের মেলায়,

সেথায় ভালোবাসার রঙ লাগাই

কইব কথা প্রাণের টানে

কুয়াশা ভরা শীতের দিনে।

উঠবে রবি চাদর গায়ে

মিষ্টি রোদ্দুর ঢালবে তাহে,

হাতের উপর হাত রেখে

বসবো মোরা পথের ধারে।

লুকিয়ে থাকা গোপন কথা

আনবো টেনে আদর করে,

সব কথার কি মানে আছে?

যখন তুই বলবি আমায়

ছোট্ট বেলার হেঁসেল ঠেলায়,

ভুল করেছি কত খেলায়

পুরন কি হলো আজও?

ভালোবাসার রং মাখায়।

মান অভিমান থাকবে যত

গায়ে গন্ধ লাগবে তত,

সখের বশে খেলতে গিয়ে

মলিন ধুলো লাগলো গায়ে।

আয়রে আবার প্রাণের মাঝে

পরশ পাথর ছুঁয়াই তারে,

দূর হয়ে যাক কালিমার দাগ

নতুন করে উঠলো মেতে

প্রাণের যত অঙ্গ গুলো।

প্রজাপতি উড়ছে দেখো

বাতাস ছুঁয়ে গেলো

ফুলের রেণু লাগলো গায়ে,

বাতাস বয়ে গেল ধীরে

পড়লো ঝরে পথের ধারে;

দেওয়া নেওয়া শেষ কথা নয়

অটুট বাঁধন রাখ রে মনে,

পৌষের এই শেষ মেলায়

আবার না হয় ভাসি ভেলায়,

আয়রে আমার প্রাণের পাখি

তোরে যতন করে ধরে রাখি।

কি দিয়ে বাঁধবো তারে

এই শেষের বেলায়,

ভাঙলো সে আজ-

মাটির পরে পড়ে ধুলায়।

মলিন হলো প্রতিমা মোর

বেঁধেছি যারে প্রেমের ডোরে,

সুতোর বাঁধন কাটলো শেষে

গোধূলির এই লগ্নে এসে।

চল সখি চল ঘরে যাই

43

বাতাস ছুঁয়ে গেলো

খোলা আকাশ উড়তে ভালো

দুটি মনের মিলন মেলা

পূর্ণ হোক ঘরের আলোয়।

শ্যাম কেন বাজায় বাঁশি

ওই শোনা যায় বৃন্দাবনে

শ্যামের বাঁশি উঠলো বেজে,

কোথায় আছে গোপীগণে

রাধার সাথে আয় গো নেচে।

যশোদা মার ওই যে লালা

ধরেছে তাল প্রলয় সুরে,

ব্রজভূমি উঠলো কেঁপে

আয়রে ছুটে যমুনার তীরে।

পশুপাখি ভুলায়ে তারে

বশ করেছে মোহ জালে,

রাধার সাথে করে পিরিত

বাঁশি বাজায় পলে পলে।

থাকতে দেয়না ঘরে তারে

মন বসে না কোনো কজে,

উদাস হয়ে ক্ষনে ক্ষনে

আঁচল দিয়ে ঢাকে লাজে।

গোপনে তুই আসিস কেন

লজ্জা শরম নেই কি ওরে,

বাজিয়ে বাঁশি পাগল করে

হৃদয় জ্বালা বাড়ায় ধীরে।

শ্যাম কেন বাজায় বাঁশি

তার বাঁশির সুরে রাধারাণী,

অন্ন জল ত্যাগে দেখো

হয়েছে সে পাগলিনী।

সখীরা সব আছে মগন

কালার প্রেমে মজায়ে মন,

আয়রে চলে দেখবি তোরা

রাধা কৃষ্ণের সেই বৃন্দাবন।

কুঞ্জ বনের রাস মাধুরী

দেখে জল ঝরে দুনয়নে,

যুগল মূর্তির ঐ হেন রূপ

পাই যেন ঠাঁই সেই চরণে।

বাঁধন ছেঁড়া

আজগুবি সব স্বপ্ন গুলো

মনে আবার জেগেছে।

বাঁধা যতো আসে,

স্বপ্ন ততো ভাসে,

মনের দরজা খুলে দিলাম

উড়ুক না ওই গগনে।

সবুজ ঘাসের মাথায়,

শিশির ভেজা পায়,

লুকোচুরি খেলবো মোরা

পাঁচিল ঘেরা কাননে।

যাবি উড়ে যারে যেথায়,

খুলে দিলাম বেড়ি তাই,

মনের কথা বলনা গিয়ে

ওই আকাশের তারায় তারায়।

রাঙা পলাশ বনের ধারে,

ফুটেছে ওই সারে সারে,

গন্ধ তাঁতে নেইকো কিছু

জগৎ আলো করেছে।

নীল আকাশে ওই,

মেঘের ভেলা কই,

বাতাসে ওই পাখিরা সব

নতুন ডানা মেলেছে।

আয়রে নবীন আয়,

মাতাল হাওয়া বয় ,

মনের বাঁধন খুলে দিয়ে

উল্লাসে সুর ধরেছে।

চলার পথে বাঁধা ওরে,

দলতে হবে সাহস করে,

ঝর্ণার মত পড়ুক ঝরে

মাটির পরে পাথর ঘেঁসে

কল্লোলে তার উঠেছে তান,

মনের সুখে ধরেছে গান,

বাতাস ছুঁয়ে গেলো

স্বপ্ন পরির দেশে যাক,

যাক না ভেসে ভেসে।

ওরে অবুঝ মন,

মনের কপাট খোল,

সাত রাঙা ওই রামধনু দেখে

ময়ূর পেখম মেলেছে।

চিত্ত জয়ী

ভেবেছিনু তাহারে করিব জয়,

বনফুলে সাজাবো তাহারে,

রাখিব মনের মণিকোঠায়।

যতেক বাসনা রাখিব আঁখিতে,

ব্যাঘাত না পায় কোমল হৃদয়ে,

জুঁই চামেলি গুঁজিব তাহার খোঁপাতে।

বাতাস ছুঁয়ে গেলো

কোথাও যেন না যায় হারিয়ে

সিংহাসনে বসিয়ে পুঁজিব তাহারে,

মোর প্রাণ প্রিয় আরাধ্যা প্রিয়ারে।

বসন্তের আগমনে ফুলের বাহারে,

পূর্ণ শশী কোমল কিশোরী মুক্ত আভায়

প্রজ্জ্বলিত হইবে মোর আনন্দ কুটিরে।

শ্রাবণের ধারায় ঝরিবে সে কলকল রবে,

মূর্ছিত ছিল যা কিছু মোর তপন তাপে,

সঞ্জীবনী পাইবে পুণঃ সুন্দর ভবে।

কালো কুন্তল হাওয়ায় উড়িয়া দোলে,

ঘনঘটা চারিদিকে, চমকিত প্রাণে

হরষিত মন তবুও প্রিয়ার কোলে।

ভেবেছিনু তাহারে করিব জয়,

বিশ্ব মাঝে রাখিব বিজয় মুকুট-

আমার, এমনি চলিয়াছে প্রণয়।

ও সে কুসুম মঞ্জরী ফুটিয়াছে অঙ্গ তাহারি,

জলদ যেন ভাসিয়াছে বাতাসে

পবনে নিয়েছে আপন করি।

মুক্ত ওরে মুক্ত সে যে আপন পৌরুষে

সাধ্য কাহার বাঁধিবারে তাহার অগ্নি চিত্ত,

রিপু বিজয়ী সে ধরা দেবে কোন্ অভিলাষে।

আমার ভালোবাসা

কবিতা!

আমার প্রেমিকার নাম কবিতা,

দীর্ঘ দিনের গোপন প্রেম চলছে,

ছুঁতে পারিনি তার আপাদমস্তক।

কিন্তু, তার পূর্ণ অবয়ব দেখলে; খুশি হই!

প্রাণে আসে নব জোয়ার, নব প্রেম-

আনন্দে উচ্ছ্বসিত হই!

সে মোর প্রথম ভালোবাসা।

স্মৃতির কালিতে কলমের খোঁচায় এঁকেছি পাতায় পাতায়,

পূর্ণ করেছি তারে হিমের পরশে বসন্তের ছোঁয়ায়।

বর্ষায় দেখেছি তার ভরা যৌবন, গ্রীষ্মে পড়েছে ঢলে,

শরতে এসেছে কুঁড়ি শিউলির কোলে কোলে।

তবুও শঙ্কা হয়! পরাণ করে দুরু দুরু,

কিঞ্চিৎ ভুলের অভিমানে যদি বিমুখ হয়?

যদি তাকে নিয়ে যায় অন্য কেউ?

যদি নতুন ভাষার আদর পায়?

নিশ্চয় জানবে আমি কত অভাগা!

এতোদিনে ভালোবেসে যাকে করেছি আমি আরাধ্যা
দেবতা।

শয়নে স্বপনে রেখেছি তারে পাশে,

জেগেছি কত রাত তার স্পন্দনের আহাটে,

একটু একটু করে গড়েছি তারে নিজের খেয়ালে।

কখনো কাটাকাটি করি, কখনো সাজাই অলংকারে!

বাতাস ছুঁয়ে গেলো

কখনো বা মাথা নুইয়েছি তার চরণ তলে।

অশ্রুনীরে ধুয়েছি তারে-

কখনো বা প্রাণ প্রতিষ্ঠা করেছি নিজের প্রাণ দিয়ে।

মনের গভীরে ছিল যত ভাষা দিয়েছি সব উপহার,

আলাপন হত নিশীথে বসে দুজনার-

আপনাকে বুঝতো সে, আমি বুঝতাম কিছু তার।

তারই যশে যশস্বী হয়ে বিশ্বলোকে,

আর কেউ নয় সে--

সে মোর বাক্যহীন প্রাণের প্রিয় কবিতা।

অদূরে রয়েছে দাঁড়ায়ে, চেয়ে কোন্ আলোকে।

মন পাগল

তোমারে বাঁধবো যতনে,

কি আছে আমার ভবনে।

মনে আছে ভালোবাসা,

ওগো সঁপেছি তব চরণে।।

তুমি যে দেবতা আমার,

বুঝেছি তারই সার।

রেখেছি তাই ধরে,

ক্ষুদ্র আশা এ পরাণে।।

বকুলের ঐ বনে বনে,

কহ কথা কানে কানে।

ফুলের ঐ মধুর লোভে,

আসে অলি গুনগুনিয়ে।।

বেদনার ব্যথা যতই,

ভরেছি আঁচলে ততই।

হৃদয়ে বেঁধেছি পাষাণ,

বাতাস ছুঁয়ে গেলো

অশ্রু জলে বুক ভাসিয়ে।।

ওরে সেই বন্ধু কেমন,

করিয়া হৃদয় হরণ।

কেমনে কাটাও তুমি,

রাত্রি দিন- না হয়ে পাগল।।

জীবনের সকল ভার,

সঁপেছি তোমায় আমার।

উদ্ধারিও এই অভাগীর,

ধরো কান্ডারির হাল।।

প্রার্থনা

আমি রবো কি রবো না,

ধরার মাঝে জানি না।

তোমায় পেয়েছি জীবনে

আর তো কিছু চাই না।

তুমি চলে গেলে হরি

পাড়ি দেবো কেমনে বৈতরণী,

আমার ভাঙলো না ঘুম,

সাথের সাথী গেল চলে

বুঝলো নারে অবুঝ মন,

কার কাছে পাই সান্ত্বনা।

জীবনে যা কিছু পেয়েছি

দিয়েছি তোমায় উপহার,

রাখিনি কিছু কৃপণের ভান্ডারে

সাজিয়েছি আসন তোমার।

যদি আজ খুললো দ্বার

বয়ে চলুক প্রেম সুধা ধার,

তিক্ত গ্লানি আছে যত

তোমার হাতে সিক্ত করো

আপন হাতে ওঠাও মোরে,

পাড়ি দেবো ভক্তি-সিন্ধু পার।

তোমার রঙে রাঙাবো মন

সেই তো আমার পরম সুখ।

কোথায় আছো হে দীনবন্ধু,

সকল মায়া ছাড়ি আমি

পাই যেন ঠাঁই ওই চরণে।

প্রদীপ খানি জ্বালিয়ে দিও

তোমার সৃষ্টি ধরার মাঝে,

চোখের জলে ভিজবে রে মন

তোমার স্বরূপ দেখা পেয়ে,

পবিত্র হবে দেহখানি

কেঁদে দুনয়নে।

বরণ ডালা

দেখেছি তারে নয়ন ভরে,

দাঁড়িয়ে সেই পথের ধারে।

বাবলা গাছে ডালের ফাঁকে,

ঊষার আলো পড়েছে মুখে।

দক্ষিণা বায় বইছে ধীরে,

মিষ্টি হাসি ঢেউ তোলেরে।

আঁচল খানি দোলে পিছে,

হাত দুখানি নাড়ে মিছে।

ভোরের কোকিল গায় গান,

পাখপাখালি ধরে তান।

মনের কোণে পুলক দোলায়

প্রেম জাগে নিত্য ছোঁয়ায়।

যে চাতকী মেঘাম্বু করে পান

সমুদ্র জলে মিটে কি স্বাদ্?

ব্যাকুল হয়ে নির্মল প্রভাতে

খুঁজে অম্বরে মেঘের তাদাদ্।

হাতে নিয়ে বরণ ডালা

দাঁড়িয়ে পথের ধারে,

কামুক দেহে সাজিয়ে নিয়ে

উপহার থরে থরে।

অভাগিনী

কারে যেন ভালোবেসে

ঘর ছাড়লো শেষে,

সেই আমাদের ছোট্ট মিনু

ফিরলো নতুন বেসে।

পাড়াপড়শী এলো ধেয়ে

দেখতে মুখ খানি,

মোটেই চেনা যাচ্ছে নাকো

সেই রূপসী মণি।

কঙ্কালসার শরীর খানি

রূপের নেই ছটা,

কোথায় যেন হারিয়ে গেছে

যৌবনের সেই ঘটা।

কাতর স্বরে ডেকে সুধায়

পাড়ার বকুল খুড়ি,

এতোদিনে পড়লো মনে

ওরে আমার বুড়ি।

কি দশায় দেখছি আজ

বিধবার এই বেসে,

পোড়ার মুখি এতোদিনে

ফিরলি বুঝি দেশে!

আঁচল দিয়ে মুছায় চোখ

ভাসে নয়ন জলে,

অভাগিনী আমি কাকি,

কেঁদে মিনু বলে।

দেখনা কাকি এনেছি তোর-

নতুন খেলার সাথী,

নে না কাকি কোলে তুলে

করিস না আর আড়ি।

মা কেঁদে কয় এতদিনে

ফিরলি দেশে ভুলে,

অনাথ হয়ে সোহাগ উজড়ে

কোন পাপের ফলে।

কাঁদিসনে মা লক্ষ্মী আমার

কপাল দুঃখে দুঃখী,

আবার যখন পেলাম তোরে

নিশ্চয়ই হব সুখী।

স্থির নয়তো চিরদিন কেউ
আসে বর্ষা শীত বসন্ত,
তেমনি নাহয় আবার এলাম
কুড়াতে সেই আনন্দ।

দুঃখ তোদের দিয়েছি আমি
কোন্ পাপের ভুলে,
ভালোবেসে হাত ধরে সেই
গেলাম দূরে চলে।

বাবা যদি জিজ্ঞাসে মা
বলিস আমার কথা,
কষ্ট আমি পাবো নাকো
যতই বলুক কটুকথা।

আবার মাগো খেলবো আমি

বাতাস ছুঁয়ে গেলো

বসে তোর কোলে,

মমতার এই ছায়া তলে

দুঃখ যাবে চলে।

ভোরের আলোয় ডাকবি যখন

আয়রে মিনু বলে,

আধো ঘুমে আসবো আমি

তোর নাতি নিয়ে কোলে।

সন্ধ্যা বেলায় প্রদীপ হাতে

আসবি তুলসী তলে,

আঁচল টেনে বলবে দিদা

আমায় কৃষ্ণ লোকে বলে।

গাঁয়ের এই স্মৃতিগুলো

আছে হৃদয় জুড়ে,

কিছুদিনের পরবাসে

খাঁটি হলাম পুড়ে।

বাতাস ছুঁয়ে গেলো

ভোর বেলায় তুলবো ফুল

পূজার সাজি ভরে,

সারাটা দিন কাটিয়ে দেবো

বসে পূজার ঘরে।

হয়তো মাগো উদাস মনে

ভাববি বসে ঘরে,

বিধবার এই করুণ দশা

সইবো কেমন করে।

আমি তো মা একা নই

প্রথম এই ভবে,

আমার আগে গেছে যারা

তেমনি চলে যাবে।

মাগো আমি পাই যেন ঠাঁই

তোর স্বর্গময়ী কোলে,

আবার যদি জন্ম হয় রে

নিস্‌ মা কোলে তুলে।

কৃষ্ণ প্রেম

কৃষ্ণ আমার নয়ন মনি

বাঁশি আমার চোখের জল,

কোথায় পাবো ঘনশ্যাম

ওরে, আমায় তোরা বল।

তোরা যদি দেখিস তারে

কদমের ওই চিকন ডালে,

রাধার নামে বাজায় বাঁশি

বিভোর হয়ে চোখের জলে।

বলিস তাঁরে আমার কথা

খুঁজে ফিরি যথা তথা,

দেখা কেনো দেয়না আমায়

প্রাণে লাগে বড়ো ব্যথা।

কাঁদি আমি যখন তখন

কিসের সুখে এমন করে,

পায় যদি সুখ আমার কালা

কাঁদবো আমি জীবন ভরে।

শুনেছি সে বড়োই চতুর

ছলাকলা অনেক জানে,

নারীর মন চুরি করে-

খেলে সখী আপন মনে।

আমি তো নই একা সখী

বৃন্দাবনের হর এক নারী,

পাবে বলে গোপন পিরিতি

পূজে সে চরণযুগল ধরি।

ফাগ মিলন

কাল আবার হোলিতে,

আসবো তোদের গলিতে।

খেলবো রং লাল হলুদে,

নাচবি সাথে আনন্দে।।

রং লাগাবো ভালবেসে,

কাছে টেনে অল্প হেসে।

লজ্জায় তুই হবি লাল,

ফেলবি পরে চোখের জল।।

বসন্তের এই শেষ দিনে,

রাখবি ধরে আপন মনে।

গাঁথিস মালা যতন করে,

সাজাবি সেই বাসর ঘরে।।

বাতাস ছুঁয়ে গেলো

আজ ফাগুনের শেষ দিনে,

আনবো তোরে কাছে টেনে।

লাল গোলাপি দিয়ে যাবো,

মনের রঙে ইন্দ্রধনু আঁকবো।।

খোঁপায় দেবো কৃষ্ণচুড়া,

গালে দেবো আবীর গুঁড়া।

বুকের মাঝে টেনে নেবো,

ভালোবাসার রঙ চড়াবো।।

চারিদিকে উঠবে রব,

ঢালবে গুলাল যতসব।

ভেসে যাবো রঙের স্রোতে,

পানসি হয়ে চাঁদনী রাতে।।

সাত রঙের ফুল ফোটে,

তোর আবীর রাঙা ঠোঁটে।

প্রতি বছর আসবো বটে,

কথা দিলাম ফাগুয়ার এই হাটে।।

নীলপরীর দেশ

আয়রে হেথা আয়রে সুজন

বরণ করে নেবো তোরে,

নীল আকাশের নিচে দুজন

পাখনা মেলে বেড়াই উড়ে।

শূন্যে ভেসে পবনের স্রোতে

মোরা গাইবো সুখের গান,

সন্ধ্যা থেকে রাত পোয়াতে

আঁধারেই ভাসাবো প্রাণ।

তৃপ্তি আর শিহরণ জাগায়

যখন তোর ঠোঁটের ছোঁয়ায়,

বাঁধবো তোরে সেই আশায়

কঠিন বরফ গলে উষ্ণতায়।

বাতাস ছুঁয়ে গেলো

কালো কেশের উলফৎ ছটা

চাউনিতে তোর নেশা ভরা,

শ্রাবণের মেঘের ঘনঘটা

আলিঙ্গনে সুখের মুক্তা ঝরা।

তোর আশাতেই রইবো চেয়ে

বাঁধবি আমায় বাহু ডোরে,

সুখের ভেলায় চলবো বেয়ে

তিন ভুবনের পথটি ধরে।

সব নীলপরী কোথায় থাকে

দেখবো আজ প্রাণ ভরে,

আদর করে বলবো ডেকে

তোদের কাছে এলাম ফিরে।

যখন উঠলো বেজে বাঁশি

ওরে নীল যমুনার জল,

আমার কৃষ্ণ ঘনশ্যামের বাঁশি,

বাজে কোথায় বল।।

হয়েছি তার অনুরাগী,

আমি নূপুর পায়ে নাচবো আজি,

করিস না তুই ছল।

আমার কৃষ্ণ ঘনশ্যামের বাঁশি,

বাজে কোথায় বল।।

সকাল সাঁঝে গাভী নিয়ে,

চরায় যে তোর উপকূলে,

উদাস হয়ে বাজায় বাঁশি,

সারা সংসার গেছে ভুলে।

আমি যে তার মনের চকোরিণী,

মিটাবো তার মনবাসনা,

বল না ওরে বল।

বাতাস ছুঁয়ে গেলো

আমার কৃষ্ণ ঘনশ্যামের বাঁশি,

বাজে কোথায় বল।।

পরাবো গলে বকুল মালা,

দাঁড়াবো বামেতে আমি,

হয়ে শ্রী হরির বালা।

ভজন সাধন সবই দেবো তারে,

ওরে যমুনা বলনা ওরে বল।

আমার কৃষ্ণ ঘনশ্যামের বাঁশি,

বাজে কোথায় বল।।

থাকে না সে আমায় ভুলে,

দিবানিশি ডাকে সে যে,

রাধা রাধা ব'লে।

আমায় কাঁদাসনে আর ,

ওরে যমুনা ভরে আঁখি জল।

আমার কৃষ্ণ ঘনশ্যামের বাঁশি,

বাজে কোথায় বল।।

আষাঢ়ের প্রথম বর্ষা

দেখেছিলাম তোমায়

সেই ছোট্ট বেলায়,

দাঁড়িয়েছিলে কদম তলায়।

হয়তো প্রথম বৃষ্টির ফোঁটায়,

ভিজালে অঙ্গ দাঁড়িয়ে সেথায়।

দখিনা বাতাসের ছোঁয়ায়,

পুলকে কেঁপে উঠলো হৃদয়,

আষাঢ়ের সেই প্রথম বর্ষায়।

হাতের কোশে বৃষ্টির ফোঁটা,

ধরলে তুমি গোটা গোটা।

ক্ষনিক হেসে কামড়ে ঠোঁটটা,

ছিটিয়ে দিলে উপর সেটা।

আনমনা এক আনন্দে মন,

খুশিতে নেচে উঠল তখন।

বাতাস ছুঁয়ে গেলো

ভাবলে তুমি রাধার প্রেমে কৃষ্ণ বুঝি,

কদমতলে বাজাতো বাঁশি।

ঝর ঝর ঝর বৃষ্টি এলো দাপিয়ে,

চমকে উঠে গাছটি ধরলে জড়িয়ে।

নিমেষে কিসের ভাবনায়,

মুখটি হলো লাল লজ্জায়!

বৃষ্টি ভেজা কেশ গুলো,

শাড়ীর সাথে চিপকে গেল।

বাঁধলে কেশ অবশেষে,

ছুটলে তুমি উর্দ্ধশ্বাসে।

সেই দেখেছি ছোট্ট বেলায়,

আনন্দ উল্লাসে রইতে সদায়,

আষাঢ়ের সেই প্রথম বর্ষায়।

ওরা কথা কয়না

কান করে ঝালাপালা,

পরাণ হয় ফালাফালা।

জলে ঢেউ থৈ থৈ,

পানকৌড়ি নাচে কই।

ঘোড়া ছোটে টগবগ,

নেতা করে বকবক।

পাতি হাঁসের চৈ চৈ,

শামুক ভেঙে দেবে সই।

শালিকের দানাপানি,

আছে লোকের কানাকানি।

বাজারের হৈচৈ,

বেণী পিসির মাছ কই।

বাতাস ছুঁয়ে গেলো

পায়রা ডাকে বকম বকম,

ময়ূর শুনে তুললো পেখম।

ছোট্ট খুকির হাত তালি,

পাগল শুধু হাসে খালি।

গোরুর গাড়ির ক্যাঁচ ক্যাঁচ,

জিলাপির প্যাঁচ প্যাঁচ।

ঠাকুরমার খুক খুক,

ঠাকুর দাদার তাতেই সুখ।

শীতের এই কনকনি,

গরিবের ঠনঠনি।

মুরগির কক্ কক্,

শিয়ালের হাঁক ডাক।

সোনার ফসল

ওরে ও ভাঁদুর মা,

ভাত দে তুই তাড়াতাড়ি,

ক্ষেতে লাঙ্গল হলো শেষ

পুঁতবো ধান আড়াআড়ি।

ভাটিয়ালি গান ধরে সব,

মালকোচা বেঁধে যখন,

দলবেঁধে সব হাঁটুজলে

আউশ ধান করবো রোপণ।

কদিন পরে দেখবি তুই

ক্ষেত ভরেছে সবুজ পাতায়,

চাষীর মন আহ্লাদে তাই,

গলে যেন আটখানা হয়।

পাকা ধান কেটে এবার,

ভরবো দু-চার গোলা,

আসছে পূজায় ভাঁদুর মা,

দেবো তোরে সোনার মালা।

শেষ কথাটি

তবুও আমার শেষ কথাটি,

বলা হলো না তারে,

বুঝিনি কেন যে আড়াল-

করেছি আপনারে।

কতদিন কত পথে,

চলেছি এক সাথে,

স্বপ্ন কুঁড়াতে, সঙ্গ-

দিয়েছি মাধবী রাতে।

সকালের শিশিরে

ধুয়েছি পায়ের নূপুর,

গেঁথেছি মালা রজনীগন্ধা,

জুঁই চামেলী টগর।

নানাবিধ ফল ফুল,

রেখেছি থরে থরে,

তবুও আমার শেষ কথাটি,

বাতাস ছুঁয়ে গেলো

বলা হলো না তারে।

মনের চিত্রপটে, যতনে

রেখেছি ধরে ঠাঁটে,

মিথ্যা না রটে সে ভয়ে,

দিবস রজনী কাটে।

গোপনে আসা যাওয়া,

চুরি করে মন নেওয়া,

কিসের চাওয়া পাওয়া,

কিসের দেওয়া নেওয়া।

কি সেই অমূল্য রতন!

ছিল মোর ঘরে !

দেওয়া হলো না তারে,

খেয়ালেই আসে বারেবারে।

অজানা সাধের স্বপ্ন,

গড়েছি মনের ভিতরে,

তবুও আমার শেষ কথাটি,

বলা হলো না তারে।

বাতাস ছুঁয়ে গেলো

ক্ষণিকের আহ্লাদে,

    গড়ি প্রাসাদ নিজ মনে,

খেলার ছলে সাজাই,

    স্বপ্ন তার চারিকোণে।

বিজন বাতাসে দাঁড়িয়ে,

    উড়িয়ে আঁচল খানি,

প্রতিক্ষায় অবিরত, ক্ষুন্ন

    ব্যাঘাতে ক্রোধে অভিমানী।

আপন খেলাঘর ভাঙি-

    গড়ি আপন মনে,

কোন্ রাজপুত্তুর সেথায়,

    আসবে কেবা জানে!

বিপাকে পড়ে সঁপি দেহমন,

    ভেবে শিউরে উঠি বারেবারে,

তবুও আমার শেষ কথাটি,

    বলা হলো না তারে।

জেগেছি কত রাত,

    আসে অনিন্দ্য সুন্দর প্রভাত,

বাতাস ছুঁয়ে গেলো

গেয়ে যায় ভোরের পাখি,

মুছে ফেলে কালো রাত।

সাজিয়ে রেখেছি যারে,

পুলকে প্রাণে ধরে,

অবশেষে তারে নির্মম আঘাত,

হানবো কি অন্তরে!

যেন না করি হেন পাপ,

কুঁড়াবো না তার অভিশাপ!

ধন্য হয়েছি এই জনমে,

রাখো মোরে নিষ্পাপ।

ক্ষমা করো প্রভু, ক্ষমা করো,

দাও শক্তি মোরে,

তবুও আমার শেষ কথাটি,

বলা হলো না তারে।

এক পশলা বৃষ্টি

তোর নাকছাবি'টা দুলছে হাওয়ায়,

মনের কথা কয়।

সজনী তোর মুখের হাসি,

শিউলি ফোঁটার গন্ধ যেন পায়।

তোর চোখের মণি কালো এমন,

শ্রাবণ মাসের আকাশ।

কেশগুলো তোর উড়ছে হাওয়ায়,

ঘনঘটায় ঢাকল রবির প্রকাশ।

শাড়ির আঁচল বাঁধলি কেন?

কোমরের ওই খুটায়।

সজনী তোর রূপ দেখে সব,

পাগল হবে বোধহয়!

টাপুর টুপুর বৃষ্টি পড়ে,

সুর উঠেছে পাতায়,

তোর লম্বা চুলে কোমর হেলায়,

লজ্জাবতী ছুটছে দ্রুত পায়।

অচ্ছুত আমি নই

আমায় ছুঁসনা যেন তোরা,

অচ্ছুত আমি নই! তবুও

জাত বেজাতে গড়েছে,তাই

সমাজের কলঙ্কেতে মোড়া।

যেকুলে জন্ম হলো আমার

শাস্ত্র মতে অপবাদে ঘেরা,

যৌবনকালে এসে দেখি

ধর্মান্ধ ছুঁয়েছে মোর চামড়া।

অস্পৃশ্য তার শুদ্ধিকরণ

যদি গঙ্গা জলে নাই'

শতবার ডুবে আমি কেন

ম্লেচ্ছ জাতির আখ্যা পাই?

চরম সুখ প্রাপ্তির উপকরণ

আঁধার রাতে নেশা মিটাও,

দিনের আলোয় সাধু সেজে

অমৃত বানীর কথা শুনাও।

রাত হলে যাও বেশ্যালয়ে

দিনের বেলায় মন্দিরে,

তারাই আবার সমাজের

জাত ধর্ম রক্ষা করে।

আজ ম্লেচ্ছ বলে আখ্যা দিলি

কাল হবে তোর বিচার,

ধর্মের কাঁটায় চড়বি যখন

নরকে গমন নিশ্চিত সবার।

না জাত বড়ো না ধর্ম বড়ো

মিথ্যা আস্ফালনে অহংকার,

বিশ্বমাঝে একদিন হবে জয়ী

পাপ কলুষিত হীন মানবতার।

এমনি বর্ষার দিনে

সেদিনও এমনি বর্ষা ছিল,

নিয়ম ভাঙার প্রতিবাদ ছিল।

বাহুতে ছিল বাহু বল,

হৃদয়ে ছিল প্রেম বল,

ছিল রৌদ্র ছায়ার লুকোচুরি,

তেমনি মেঘ রবির আড়াআড়ি।

বাতাস ছিল মধ্যি খানে,

দুইয়ের মধ্যে বিপদ টেনে,

ভাসিয়ে নিয়ে মেঘ বলাকা-

খেলছে মনের আনন্দে।

জানলা দিয়ে বৃষ্টির ফোঁটা,

পড়ছে মুখে দু-চার ছিটা।

তন্ময় হয়ে ভাবছি বসে,

সে যদি থাকতো পাশে!

আজি এমনি বাদল দিনে,

কি যে ব্যথা বাজে প্রাণে,

সে কথা কইব কেমনে,

হিয়ার মাঝে কন্টকাকীর্ণ-

বিঁধে অতি সংগোপনে।

শান বাঁধানো ওই দিঘিতে,

কাগজের নৌকা যাই ভাসাতে।

ছোউ বেলার সেই খেলা,

লাগায় আবার মনে দোলা।

একাকি বসে ঘরের কোণে,

এমনি বর্ষা মুখর শ্রাবণের দিনে;

খুঁজে ফিরি আপন জনেরে,

যে ছিল মোর বড়ই আদুরে।

সবকিছু দিয়েও যাদের নাম হয় না

তোমায় দেখেছি আমি

পল্লী গাঁয়ের মাঝে,

কাদা মাটি মেখে মলিন হয়েছো

ধুলায় গিয়েছো লুটেপুটে।

পল্লী গাঁয়ের মাঝে।।

খেত খামারে করেছো কাজ

সকাল হতে সাঁঝে,

গায়ের ঘাম ঝরেছে তাই

সোনার ফসল ফলাতে।

মান অভিমান নেইকো তোমার

গড়েছো সংসার নিজ হাতে,

কঠিন হতে কঠিন কাজ

করেছো পুরুষের সাথে।

কোলের শিশু কেঁদেছে কোলে

অথবা ঘরের কোণে,

দশভূজা নেইকো তোমার

দশদিক রেখেছো নয়নে।

দিনের শেষে রাত বুঝি ওই

আসে মহক নিয়ে,

তৃষ্ণা, তৃপ্তি, বাসনা যত

পুরিয়েছো অনিচ্ছাতেই।

সুখের দিন আসবে ফিরে

আশার প্রদীপ জ্বেলে,

সকল খুশি ত্যাগ করেছো

সংসার ঘানি ঠেলে।

ভোরের আকাশ নীল সমুদ্র

মেঘলা দিনের কথা,

একটুখানি প্রেমের ছোঁয়া

পাওনি তুমি, দিন গিয়েছে বৃথা।

তোমার পথের পথিক হয়ে

আজও চলে যারা,

বাতাস ছুঁয়ে গেলো

মিটবে নাকি তাদের ব্যথা,

নাকি এমনি চলবে ধরা!

মেঠোপথ আর মাটির মানুষ

সহজ সরল জীবন,

দেখছি ওই পল্লী গাঁয়ের মাঝে

নির্বাক যত ক্রন্দন।

এলো এলো দুগ্গা এলো

আজকে শরতে   নির্মল প্রভাতে

        আগমনী সুর বাজে,

আকাশে বাতাসে   মধুর পরশে

        ধরনী অপরূপ সাজে।

বাতাস ছুঁয়ে গেলো
রোদ ঝিলমিল   জল থৈ থৈ বিল
সোনালী আভাস তার,
ডিঙ্গি নৌকা বেয়ে   ছোট্ট একটি মেয়ে
এলো, নূপুর পায়ে তার।

বিষন্ন বদনে   দুঃখের কাননে
কাটছিল দিনরাতি,
স্বল্প সময়ে   মনের আলয়ে
জাগলো নব প্রভাতী।

ওরে দেখ দেখি   গোপনে এলো কি
দশভূজা মা গৌরী,
ঘুচবে এবার   দ্বন্দ্ব পারাবার
থাকবেনা আর বৈরী।

গাঁয়ের যত লোক   পাড়ি কত শ্লোক
দেখে ভ্যাবাচ্যাকা মেয়ে,
চোখে জলে ভাসে   কহে অবশেষে
আমি দূর গাঁয়ের মেয়ে।

বাতাস ছুঁয়ে গেলো

ওই দেখা যায়   শেষ সীমানায়

হরিপুরের পর কাশী,

বেশ সুখে কাটে   বন্যা না এলে বাটে

প্রতি বার বানভাসি।

জল পথ ভুলে   এলাম যে চলে

সুন্দর তোমাদের গ্রামে,

দুটি দিন থেকে   ওলি গলি দেখে

ফিরে যাবো মোর ধামে।

পেয়ে গ্রাম বাসি   হলো কত খুশি

দুঃখ কষ্ট গেল কেটে,

সব যেন দৈবাৎ   পরিবর্তন হঠাৎ

কপালের জোর বটে।

সেদিন সকালে   আশ্চর্য সকলে

মেয়েটি নেই ঘরেতে,

খোঁজ খোঁজ রব   হাঁকাহাঁকি সব

বাতাস ছুঁয়ে গেলো

ছিল সে দূর্গা রূপেতে।

পেলো না কোথাও   নিমেষে উধাও

কাঁদলো গ্রাম বাসি,

চার দিনে এসে   আনন্দে মিলে মিশে

গেল নিজ গাঁয়ে কাশী।

গাঁয়ের সবাই   পরস্পরে চাই

কহে, ভাগ্যে আছে ছাই,

মা ভবানী এসে   চলে গেল শেষে

মোরা চিনতে পারি নাই।

গোপন প্রেম

কেন যে এমন হয়

একা বসিলে কোথাও,

দেহমন উদাসী ছায়!

হোক সে নিশীথ রাত

অথবা গোধূলী বেলা,

বুঝিনা কিসের সংশয়।

ভাবি যে মনে মনে

কেন উঁকি দিতে আসে?

আমার ভরা যৌবনে!

দেখিনা কারে কোথাও

তবুও মনে হয়, চেয়ে-

বসে আছে জাগরণে।

তৃষ্ণা পিপাসা বাড়ে

উদ্ভট কল্পনা তত,

মৌন অথবা খুশিতে নাচে।

বাতাস ছুঁয়ে গেলো

সাজায়ে স্বপ্ন রাখি

মনের ভিতরে যত,

ভয়ে ভয়ে সদা বাঁচে।

কেন দিলি বিধি

এমনি রূপ রস!

সময়ে জাগে অন্বেষা।

বুক করে দুরু দুরু

নয়নে লাগে লজ্জা,

এটাই কি সেই ভালোবাসা?

অব্যক্ত প্রেম

সেদিনও রাতে চাঁদ উঠেছিল গগনে,

নেহারিতে তুমি এলে না মোর স্বপনে।

কেন তবে একা করি অভিসার?

হৃদয়ে পেতে সিংহাসন তোমার।

বার বার কেঁদে ওঠে মন, দেখতে চাই,

হৃদয় হরণ করে কোথায় লুকালে তাই।

তছনছ করেছো আকাশ বাতাস ধরনী তল,

লভিতে মোরে জাগলো তোমার ইচ্ছা প্রবল।

আজ উদাসী কেন, মর্মে বেঁধে নাকো মোর গান,

তিলে তিলে জ্বালিয়ে দগ্ধ করেছো মোর প্রাণ।

আমি মনুষ্য অতি, নই দেবতার সমান,

ধৈর্য্য সহ্য শক্তি অল্পেতে সদা ম্রিয়মাণ।

হে পুরুষ, তুমিই প্রথম এলে মোর দ্বারে,

প্রেম জাগাতে অকিঞ্চন হিয়ার মাঝারে।

ভীরুতার বেশে আজ যাও চলে শেষে,

বাতাস ছুঁয়ে গেলো

কাঁদায়ে নারীর মন জিতলে অবশেষে!

ধিক্কার ধিক্কার জানাবো তোমার প্রতি,

আজও নারী আমি দাঁড়িয়ে স্থিরমতি।

শেষ বেলা

সপ্ত আলোকের মাঝে, দিন চলে গেল শেষে,

ভুল ভাঙলো এখনি, যেতে হবে বহুদূর দেশে।

আজ দিতে হবে পাড়ি, নৌকা বাঁধা আছে ঘাটে,

সকল মোহ মায়া ছাড়ি, একলা যেতে হবে বাটে।

বেঁধেছি যাকিছু কুড়ায়ে, পুঁজিবাটা আপনার ব'লে,

মাঝি কহে, সংসারের বস্তু সংসারে আসো ফেলে।

ভাবি মনে মনে, এতদিনের সঞ্চিত ধন আজ,

বাতাস ছুঁয়ে গেলো

এমনি যাবো ফেলে? সেটা কেমন হবে কাজ!

কহি মাঝিরে, কিঞ্চিৎ আছে এখনো বেঁচে মায়া,

তাকে ছেড়ে কেমনে যায়, ভিন্ন দেশে এই কায়া।

ক্ষণিক সময় দাও তুমি, নৌকা বাঁধো আজ ঘাটে,

সাধ আহ্লাদ যতটুকু পাই, কুড়িয়েনি সংসার হাটে।

হেলায় অবহেলায় দিয়েছি কিছু, নিয়েছি তার বেশি,

সেই ঋণের বোঝা বইতে হবে কি দুবারে আসি!

ভাবিয়া রুগ্ন দেহ কাঁপে থর থর চোখে ঝরে জল,

আত্মীয় স্বজন দূরে গেল, অন্তিম কালে হলো নিস্ফল।

বিধির বিধান খণ্ডাতে কে পারে, আসা যাওয়ার মাঝে,

জ্ঞান,বুদ্ধি,বিচার,ছল,বল সবই গেলো নিমেষে।

রাধা জলকে চলে

সখি যাসনা লো আর জল আনতে নদীর ঘাটেতে,

সেথায় বসে আছে চিকন কালা গাছের মগডালেতে।

গাঁয়ের যত মন্দ ভালো রমণী তার হয়েছে যে বশ্।

লজ্জা শরম ত্যাগ ক'রে তারা মুখে করে যশ্।

আপন করে চায় যে তারে হয়না সে যে কারো,

ছলাকলায় মন ভুলিয়ে রেখেছে বেশ্ ভালো।

বাঁশির সুরে পাগল করে দেয় যে সারাক্ষণ,

সুখের ঘরে বসে না মন কি করি এখন।

এক দন্ড না দেখলে পাই না শান্তি মনে,

কাজে কর্মে বসে না মন কালা এমন জাদু জানে।

বাতাস ছুঁয়ে গেলো

তুই যে সখি বাঁধা'স গোল যাবো না কেন্ ঘাটে,

বুকটা করে দুরু দুরু পরাণটা ওই ফাটে।

বলনা সখি এখন আমি করি কি উপায়,

ঘরেতে বসে না মন কেলেঙ্কারির ভয়।

মুখ লুকিয়ে কাঁদি আমি অশ্রু করি গোপন,

তবুও কি বোঝে না শ্যাম মনের যত বেদন।

পারি না আর থাকতে আমি ধরাধামে এসে,

বৈকুণ্ঠে যাবো যেদিন হিসাব নেবো কষে।

আমি চেয়েছি তোমারে

রাতের আঁধারে অথবা ঘুমের ঘোরে,

স্বপনলোকে ঊষা কালের ভোরে।

দেখবে তুমি চেয়ে সম্মুখ পানে,

আহাম্মুক এক দাঁড়িয়ে অচেনা নামে;

চেয়ে আছে নয়নে নয়ন মেলে,

যোগিনী রূপে প্রেমের আলো জ্বেলে।।

আকাশ, বাতাস, ধরনী, তারা,

সবই মগন আপন কাজে আত্মহারা।

দিচ্ছে নিচ্ছে ভরছে ঝুলি ধরার মাঝে,

বিরাম নেই নিত্যনতুন কৌশল কাজে।

আমি কেবল ব্যর্থ,সময় করেছি অপচয়,

তোমার মাঝে খুঁজেছি আমার পরিচয়।।

বাতাস ছুঁয়ে গেলো

ভালো করে চেয়ে দেখো রেখো না গোপনে,

পুষ্প অর্ঘ্য অর্পণ করেছি তোমার চরণে।

যতেক কামনা, বাসনা, লজ্জা নিবারণ,

তুমিই দাতা, আপনারে করেছি সমর্পণ।

লহ তুলে বাহুযুগলে ত্যাজো অভিমান,

পুরুষ শ্রেষ্ঠ তুমি হ'ও ধ্রুবের সমান।।

আজ পেতেছি আসন মনের মন্দিরে,

তোমারে করিব যতন প্রাণের দেবতারে।

তুচ্ছ করো না আমায় ত্যাগো ঘৃণা ভয়,

আদি শক্তি নারী, তুমি জানো নিশ্চয়!

লক্ষ বছর পরে যদি আসি পূর্ণবারে ,

তোমারে লইবো চিনে সহস্র মানবের ভীড়ে।।

আলো জ্বালো প্রভু

আমার দুখের সংসারে,আলো জ্বালো প্রভু,

বসে আছি পথ চেয়ে।

বন্ধ আছে মনের দ্বার,

প্রকাশ সেথায় যায়না আমার।

কি জানি তুমি আছো কোথায়,

অন্ধ হলো চোখ চেয়ে চেয়ে।।

আমার দুখের সংসারে আলো জ্বালো প্রভু,

বসে আছি পথ চেয়ে।

ভুবন তোমার ভবন ভরা,

সেথায় আমার ঠিকানা হারা।

কেন তবে দাওনা দেখা,

খুশি হই আমি তোমায় পেয়ে।।

আমার দুখের সংসারে, আলো জ্বালো প্রভু,

বসে আছি পথ চেয়ে।

শেষের বেলায় থেকো তুমি,

যাওয়ার পথে হে অন্তর্যামী।

মুক্ত করে দিও ক্লেশ,

অশ্রু ধারা পড়ুক বেয়ে।।

আমার দুখের সংসারে,আলো জ্বালো প্রভু,

বসে আছি পথ চেয়ে।

অজানার পথে

আমি সেই পথের পথিক

বসে আছি পথ চেয়ে,

হবে যেদিন সমন জারি

পাড়ি দেবো নৌকা বেয়ে।

জলের ঢেউয়ে কমল নাচে

পানকৌড়ি যায় ডুব দিয়ে,

লাগলো বাতাস মনের ঘরে

সময় গেলো ধীরে বয়ে।

খেলছে পাখি গাছের ডালে

আপন মনে আপন সুরে,

অলক্ষ্যেতে বসে আছে,

লক্ষ্য করে বাঁধবে তিরে।

অশ্রু জলে ভিজবে দেহ

খাঁচার পাখি যাবে উড়ে,

রইবে সখের খেলনা যত

চার কাঁধেতে যাবি চড়ে।

ধরতে যদি পারিস ওরে

ধরিস রাঙা চরণ দুটি,

মিথ্যা সব ভবের মাঝে

চরণ হলো ভীষন খাঁটি।

দহন

আমি লিখেছি, তোমার জন্য এই কবিতা খানি।

উত্তর হয়তো পাবোনা এটাও জানি!

তবুও পড়ো, প্রশ্ন করে দেখো নিজেকে, দাঁড়িয়ে কোথায়
আমি।

তুমি একেলা নয়! প্রত্যেকেই হারাচ্ছে তার চেতনা শক্তি।

বিরোধীতা করার সাহস ধীরে ধীরে আত্মার থেকে মরে
যাচ্ছে।

নিজের বুকে হাত রেখে বলো,

আমি দেখেছি অন্যায় কিন্তু প্রতিরোধ করতে পারি নি।

কত তুচ্ছ হয়ে যাবে!

কিছু আছে যারা তাদের সততা আত্মসম্মান বাঁচিয়ে রাখার
লড়াই করছে।

তবুও হাজারো মানুষের ভিড়ে তুমি কেন লুকিয়ে রয়েছো ?

অন্যায়,অত্যাচার,শোষণ চলছে চোখের সামনে।

কিন্তু প্রতিবাদের ক্ষমতা হারিয়েছো তুমি।

ভয়! কিসের ভয়? আমাদের মুখে কুলুপ এঁটে দিচ্ছে
প্রতিনিয়ত।

বাতাস ছুঁয়ে গেলো

কোথায় রেখেছো সেই স্পর্ধা, আত্মসম্মান,

জাতির বলিদানের উপাখ্যান।

আজ কেন এতো অসহায়? কিসের জন্য মুখ লুকিয়ে থাকো?

মুষ্টিমেয় দুরাচার লোক সমাজকে করছে শোষণ!

শান্ত খেটে খাওয়া দুর্বল মানুষ আজ হতবুদ্ধি!

ছুঁত্ অছুত্ , জাত বেজাতে'র কাড়াকাড়ি,

ধর্মের দোহাই সেতো অত্যন্ত বাড়াবাড়ি।

কোথায় গেল কবির কলম! বুদ্ধিজীবির জ্ঞান!

কারা বলবে অসহায় মানুষের আত্মা বেদনার কথা?

কে তুলে ধরবে নিরীহ মানুষের উপর পাশবিক নির্যাতনের
অভিযোগ?

ওরে শান্ত থেকো না কেউ, সঙ্কীর্ণ বিচারকে মুছে ফেলো
মানবতার পরিচয় দাও আজ।

প্রতিবাদ করো, প্রতিবাদ জানাও!

আজ এক,কাল দুই, তিন,চার, সহস্রাধিক প্রতিবাদ উঠবে
যখন,

ওরা অহংকারী,ভীতু পালাবে তখন।

সময় এসেছে কুলষিত সমাজকে আবার করো দহন।

উঠে আসুক আনন্দ উল্লাস, ফিরে পাক চিরন্তন সভ্য
সমাজ।

ক্ষণিকের জন্য

আমার রঙের রঙে রং মিলালে চলবে না তাই,

সাত সুরেতে গাইযে গান সেই সুরেতে ধরো ভাই।

ভোরের দরজা খুলে চলতে হবে একলা পথে,

ঝড় ঝাপটা আসবে কত ভয় করোনা আঁধার রাতে।

সত্য পথে চলো তুমি ঘুচবে তোমার দুঃখ যত,

সেই গানটি গেয়ে যাই বেড়েই চলে দুঃখ তত।

আকাশ পরে বাদল ছায়ে নামবে বৃষ্টি ঝরঝরিয়ে,

হাসবে আবার রবির আলো উঠবে তারা ঝিকমিকিয়ে।

ক্ষণিকের এই লুকোচুরি নয়তো সে চিরদিনের,

নাচায় খেলায় এক সুতোয় বেঁধেছে গাঁট এই ভুবনের।

কেমনে করি প্রকাশ সবার মাঝে নাই নাই নাই,

তাইতো গোপনে কাঁদিয়া সেই গান গেয়ে যাই।

তোমার হাতের পরশ পেয়ে

ভাঙলো আমার অভিমান, তোমার হাতের পরশ পেয়ে।

শান্ত মনে স্নিগ্ধতায় বসে আছি রৌদ্র ছায়ায়,

পবন এসে নরম হাওয়া বুলিয়ে দিল আমার গায়ে।।

তোমার মেঠোসুরে সুর তুলে, গেয়েছি গান বহুবারে,

জীবনভেলা ভাসিয়েছি কিবা দিন কিবা অন্ধকারে।

আজিও সেই নেশা, মরমে বাঁধে বাসা,

উজান ভাটি না দেখে যাই যে আপন তরী বেয়ে।।

হৃদয়ে উঠেছে ঝড় ভাঙিছে ওই বুকের পাঁজর,

কেমনে বুঝাই তোমায়, বিরহ- বেদনার ভার।

মিলন খেলার দোদুল দোলায়, যায় যে বেলা এমনি বয়ে।।

অভাবনীয় প্রকট

শ্যামা তুই ক্ষ্যাপা হোলি কেমনে,

এখনো রক্তজবা আছে পড়ে রাঙাচরণে।।

দাঁড়িয়ে আছিস যেথায় তুই,

আদি পুরুষ তাঁরে কই,

মুন্ডুমালা দিয়ে গলে দাঁড়িয়ে আছিস বিন বসনে।

শ্যামা তুই ক্ষ্যাপা হোলি কেমনে।।

দয়ার সাগর তুই যে মা,

কেন পরলি মুন্ডুমালা,

কোমরে বাঁন্ধিলি কেন হাতের পাঁঞ্জা, রক্তের বাটি ধরলি
কিসের কারণে।

শ্যামা তুই ক্ষ্যাপা হোলি কেমনে।।

জগত জননী তুই যে মা,

কেন লাগালি এই কালিমা,

সং সেজে সংসার মাঝে, প্রকট হোলি দুষ্টু দমনে।

বাতাস ছুঁয়ে গেলো

শ্যামা তুই ক্ষ্যাপা হোলি কেমনে।।

ভেবে হই আশ্চর্য মা,

ভ্রম্মান্ডের কি আজব রচনা,

বারে বারে রূপ ব'দলে, আসতে হয় তোর সৃষ্টি পালনে।

গোবিন্দ র এই পাগলামো মন,পায় যেন ঠাঁই ওই চরণে।

শ্যামা তুই ক্ষ্যাপা হোলি কেমনে।।

কালরাত্রি

জেগে আছি আজকে আমিও

রাতের সাথে দিয়েছি আড়ি।

মনে ভেবে দেখি তাই কেন চলে রোজ ভাই,

বিষাদ ক্লান্তিবোধ, পড়ে না তার ভারি।।

বাতাস ছুঁয়ে গেলো

কোথায় চলো রাত আঁধারে

কাঁদিতে সূর্য ডোবার শেষে!

দীর্ঘ শয়নে মরবি   পূণঃ যদি না ওঠ রবি,

অস্তিত্বহীন রবে ধরায় অবশেষে।।

আছে যত নিশাচর প্রাণী

সুযোগে তন্নতন্ন করে ফেরে-

রাত জাগা পাখি বসে   দেখে মনের হরষে,

বনদেবীর তপস্যায় ব্যতিত করে।।

তমসাচ্ছন্ন ঘনঘোর নভঃ

তারা শশী আছে পাহারায়।

দীর্ঘ ছায়াপথ ধরে   লক্ষ যোজন দূরে,

আনাগোনা তার সহজ নির্ভীকতায়।।

নিস্তব্ধ নিশীথে জেগে রয়

পাড়ি দিতে প্রেম অভিসার।

দোঁহে যদি মিলে আজ ছিন্ন করে যত লাজ,

ভাবনার অবকাশ হবে দুজনার।।

হঠাৎ যদি চমকে দামিনী

শিউরে উঠে এ দেহখানি!

এই কালরাত্রি ভেসে আয় দেখি বাহু পাশে

হয়তো আশির্বাদে দাঁড়িয়ে এ যামিনী।।

একটি তারা

ওরে বাঁধন টুটলো আজ

পেয়ে অপয়া'র ছোঁয়া,

সুর সম্রাজ্ঞী গেলো চলে

কাটিয়ে সকল মায়া।

কি বাঁধনে বেঁধেছিল সে

আবাল বৃদ্ধ বনিতা,

তার কণ্ঠে ছিল সরস্বতী

ছোট্ট নামটি লতা।

অবদান তার ভোলার নয়

গানেই ছিল প্রাণ,

জনতা ও নেহেরু কেঁদেছিল

শুনে দেশভক্তির গান।

বিশ্ব বন্দিতা সুর কোকিলা

স্ফুলিঙ্গ স্ফটিক'টি,

সৃষ্টিকর্তা সৃষ্টি করেছেন

এমনই নক্ষত্র একটি।

মরনের পরেও রইলে অমর

সকলের নয়ন মনি,

বাজবে কানে সারাদিন মান

বাঁচি কিংবা মরি আমি।

ভারতবাসী ভুললো হাসি

গড়িয়ে অশ্রু জল,

বুকের ব্যথা বুকে ধরে

কাঁদলো ক্ষণকাল।

করো চিন্তন

মনছোটে চৌদিশা বিবেক বাঁধায় গোল,

না বোঝে যেজন তার জীবন ডামাডোল।।

ভাবের ঘরে বসে আছেন একজন গোঁসাই,

রোজ স্বরণে মুক্তির আশা নইলে জীবন বৃথাই।।

মন্দির, মসজিদ, গির্জা সব বৃথা করো দৌড়াদৌড়ি,

ক্ষমা,প্রেম,দয়া নেই, সেই জীবনমূল্য হলো কানাকড়ি।।

কটুভাষা ব'লে জ্বিহা বাঁধায় যত বাওয়াল,

নিজে থাকে মুখগহ্বরে জুতা খায় কপাল।।

আত্মীয়-স্বজন,বন্ধু-বান্ধব মিথ্যা নয় পরিচয়,

সুখ,শান্তি সুদৃঢ় যদি নিঃস্বার্থে করো ভাবের বিনিময়।।

বাতাস ছুঁয়ে গেলো

ভালো দৃষ্টি ভালো বাক্য জীবন মধুর হয়,

লোভ লালসা স্বার্থ সেথায় সুখের অপচয়।।

দেশ,কাল, পাত্র দেখে কোরোনা বিচার,

মানবতাই শ্রেষ্ঠ আসন রেখো সবার উপর।।

বিশ্বের যাকিছু আছে প্রাণ স্পন্দনের সৃষ্টির,

অধিকারপ্রাপ্য হতে না হয় বঞ্চিত অদৃষ্টের।।

এসো সবে মিলেমিশে বাঁধি সুখের ডোর,

দুদিনের যাত্রায় শান্তির কামনায় হোক ভোর।।

প্রথম যৌবনে বসন্তের মিলন

আজ তোমার ফাগুন এলো দ্বারে,

গোপনে যা ছিল লুকিয়ে কুঞ্জ কুঁঠিরে।

বসন্তের প্রথম আলো সুপ্ত লজ্জা ভাঙালো,

চমকে উঠিলে জড়িয়ে মনের অন্তরালে।

আনন্দে তাই উঠেছো নাচি বারেবারে,

পবন মিলালো তাল পর্ণ ঝরার সুরে।

কাঁপা কাঁপা ঠোঁটে অস্পষ্ট স্বরে কিযে বাজে,

প্রথম প্রণয় নিবেদন প্রকাশ্যে বসন্ত রাজে।

আহা! সে কোন ভূবনে তারে রেখেছে তিমিরে,

ষোড়শী লাবণ্য এক আম্মাড়াই নিল প্রথম বারে।

পুলকে কাঁপে দেহমন সর্বদা রাখে যতন,

খসে পড়ে খোঁপার ফুল টুঁটে বাজুবন্ধ।

বাতাসে ওড়ে আঁচল দোলে কানের দুল,

সেকি ঘোর প্রতিকূল তবুও বসন্তে ফুটলো ফুল।

অশোকে পলাশে লাগলো দোলা,

বাতাস ছুঁয়ে গেলো

পবন থেকে থেকে করে উন্মত্তের খেলা।

আজ তোমার ফাগুন এলো দ্বারে,

হর্ষ উল্লাসে বরণ করিলে তারে।

অজানারে প্রথম জানা, সে কি মন মত্ত!

মসগুল আপন মনে উদাসীন চিত্ত।

ফুলে ফুলে ওড়ে প্রজাপতি যথাতথা,

ভ্রমরের গুঞ্জনে কোকিলের কুহু কথা।

কারে মনে ধরে তুলেছো সুর মনে মনে,

অনুভব সেকি প্রথম যৌবন দরশনে।

আলো বাতাসে নব পল্লবের উন্মোচন,

হলো হৃদয়ে যৌবন বসন্তের আগমন।

না জানা, না ছোঁয়া,এক দুর্বোধ্য আভাস!

শিউরে উঠে তনু আচমকা পেয়ে পরশ।

জীবন নৌকা

কে যেন বাজালো বাঁশি,

ডাকিছে আয় যাবি কাশী?

বসে গঙ্গার তীরে,

গাইব মিঠা সুরে।

ভিক্ষা করে হরির নামে,

পূণ্য কামাবো রাশি রাশি।

স্রোতস্বিনী গঙ্গার জল,

সাগর মুখে বহে অবিরল।

ডাক দিয়েছে মন ওরে!

কে আর বাঁধে তারে।

শুনেছি সে ধ্বনি মধুর নয়,

রূপ ধরছে বিকরাল!

যদি যাবার সময় হলো আজ,

থাক না পড়ে ঘরের কাজ।

নিত্যদিনের ধোঁয়া মোছা,

তাতেও জমেছে আগাছা।

দেহখানি তোর নিজের আপন,

যত্ন নিতে কিসের লাজ?

সময় হলে একবার ডাক,

ভক্তিতে যেন থাকে না ফাঁক।

শেষের দিনে, শেষের বেলায়,

ঝরবে না জল চোখের কোণায়।

পুষ্পরথে যাবি চড়ে, জীবাত্মা-

পরমাত্মায় রবে না ফাঁক।

জয়ের গান

চলো গাই জীবনের জয়গান

ঝিনুক কুড়িয়ে   মুক্তা উঠাই

দস্যুর সাথে   করি লড়াই,

গিরি শিখর হতে সমুদ্র সৈকতে

উড়িয়েছি আপন ধজ্জা অপরাজয়ের সাথে।

বহুবার রক্তে রঞ্জিত হয়েছে খঞ্জর

তবুও মুক্তির বানী দিয়েছি আমন্ত্রণ

চলো গাই জীবনের জয়গান।।

চলো গাই জীবনের জয়গান

সৃষ্টিরে করেছি   মোরা অনাদর

বিভেদ হয়েছে   অনেক বার,

জাত অথবা জাতের বিচার রাখিনি মনে

আজ ভাগ্য হাসে দে'খে পরস্পরের সামনে।

রুধির নয়নে ভাষা হীন চাবুকে টানি গন্ডি

আজ করেছি প্রলয়ের আহ্বান

চলো গাই জীবনের জয়গান।।

বাতাস ছুঁয়ে গেলো

চলো গাই জীবনের জয়গান

ধন্য বসুমতি   পূর্ণ হে ধরতী

পাবন ভূমি   অন্নপূর্ণা মুর্তি,

কত বীর সুপুত জন্ম নিলো তোর কোলে

দিলো মুক্তির বানী সঙ্কট হরিলো কালের কবলে।

আজ ফির ঘনঘোর মুখোরিত চারিদিক

জাগুক পুনঃ বাড়ুক মতি ঈশ্বরের কৃপা দান

চলো গাই জীবনের জয়গান।।

চলো গাই জীবনের জয়গান

মনের সুরে   ভালোবাসায় ধরে

ছড়াই সুধা   বিশ্ব পারাবারে,

যে পথ দেবে আগামী দিনের সন্ধান

নয় সে কঠিন নয় সে সহজ শুধুই ভ্রাম্যমাণ।

হাতটি ধ'রে চলি সাথে করি শপথ ভাই

জীবন মরন সুনিশ্চিত তবুও করি মান

চলো গাই জীবনের জয়গান।।

দ্রৌপদীর স্বয়ম্বর সভায় কর্ণ

(অমিত্রাক্ষর ছন্দ)

দ্রুপদ নামের রাজা পাঞ্চাল দেশের,

রাজকুমারী দ্রৌপদী স্বয়ম্বর সভা

রচে। মস্ত হর ধনু রাখে সভা মাঝে।

প্রতিজ্ঞা মতে যে জন গুন পরাইবে

ধনুষে, তাহার গলে দ্রৌপদীর মাল্য

পড়িবে। নিমন্ত্রণের নৌতে চৌদিকের

রাজারা আইল ধেয়ে। স্বয়ম্বর সভা

বীর মহারথী, করি যদি গুনগান,

বীর পরাক্রমী অতি। বলরাম,কৃষ্ণ

সেও ছিল, নিমন্ত্রণ রক্ষার্থে বসেছে

সভাতে।পাঞ্চালি সখি লয়ে মালা হাতে

কৃষ্ণের সমিপে করে আসন গ্রহণ।

রূপের ছটায় সভা প্রজ্জ্বলিত, মুগ্ধ

রাজকুমার, চেতনা রুদ্ধ যতসব,

পরস্পরে নিরাক্ষণ করছে অতহ।

ধৃষ্টাদ্যুম্ন দ্রৌপদীর ভ্রাতা ঘোষণায়

সভামাঝে, ধনুষের গুন পরাইয়া

লক্ষ ভ্রষ্ট করি, সেই বরমাল্য প্রাপ্ত

বিজয়ী হবে। আসন গ্রহণ করেছে

যারা,তারা পন করে ধনুষ উঠায়ে।

অতি উৎসাহী পাঞ্চালি জিজ্ঞাসে কৃষ্ণকে

সখা,কে আছে হেথায় ধনুষে পরাবে

গুন,কোন রাজপুত্র আছে উপস্থিত?

কৃষ্ণ কহে সখি, এই সংসারে তিনই

লোগ আছে, যার দ্বারা সম্পূর্ণ হতেই

পারে, নির্ণয় তোমার।সামান্য ভুলের

অপরাধে, যদি হয় ঐ মহাভারতে,

তব জন্ম বৃথা যাবে। ইতিমধ্যে সব

ব্রাহ্মণ বেশে পান্ডব পঞ্চ উপস্থিত

হন সভা মাঝে। কহে পাঞ্চালি সখা হে,

ইচ্ছা হয় তিন নাম জানিতে কে সেই

মহাবীর!কৃষ্ণ কহে, ঈষৎ হাসিয়া

এক আমি স্বয়ং, দুই বীর কর্ণ,তিন

অর্জুন। ঘন্টা বাজিল ওই, যত বীর

মহারথী আচমকা কাঁপিয়া উঠিল।

বাতাস ছুঁয়ে গেলো

সতর্কিত সভামাঝে আসে একে একে
শৈল্যরাজ,জরাসন্ধ,মথুরা নরেশ,
শিশুপাল, যুবরাজ হস্তিনাপুরের
দুর্যোধন,পরাজয় সবই রাজন।
হাঁটু ভেঙে কেহ পড়ে ভূমিতলে,কেহ
লজ্জায় অপমানের মাথা হেট বসে
নিজের আসনে। গর্জে ধ্রুপদরাজা ঐ,
ভারতের মহাবীর!ধিক্ ধিক্ তব
বীরত্বের গর্ব।সভা মাঝে নেই কোনো
বীর?নেই স্বয়ম্বর সভা করে পূর্ণ?
দাঁড়াও ক্রোধীত কর্ণ উঠিয়া কহিল,
পাঞ্চল নরেশ? শব্দ বাণ বেঁধে বক্ষে,
শক্তি অতিব ভুজায়ে। অনুমতি দাও
ধনুষে গুন পরাবো আমি। আকস্মিক
সভা মাঝে অনুমতি পেয়ে কর্ণ যায়
ধনুষে গুন পরাতে।অতিব সহজে
উঠায়ে বাহুতে গুন টানে ডান হতে।
কৃষ্ণের ইশারা পেয়ে দ্রৌপদী কহিল,
দাঁড়াও! সুত পুত্রকে বিজয়ী বরন

করিবো না আমি।ক্রোধে অপমানে পুঁড়ে
জর্জরিত কর্ণ চাহে গগনে সূর্যের
পানে। ক্ষণকাল পর কহে,হে পাঞ্চাল
নরেশ!কেনো করিলে তবে স্বয়ম্বর
সভার এ আয়োজন? ধিক্‌ আপনার
পিতৃত্ব? রাজ বচন। অপমান বক্ষে
রবে চিরদিন, হেথা বসিয়া যতেক
নৃপতি, ধীক্‌ তাদের পৌরুষে, অন্যায়
প্রতিবাদে শির নাহি ওঠে।মূঢ় সব
সভা মাঝে বীরত্বের বাখানি করেন।
চলো মিত্র সভা ত্যাগী, দুর্যোধন সহ
কর্ণ সভা হতে করে গমন। শ্রী কৃষ্ণ
আদেশ করেন আম জনতার মধ্যে
হোক নির্ণয়, ব্রাহ্মণ রূপের অর্জুন
ছিল তথা ।লক্ষ বেঁধে অর্জুন সেথায়,
দ্রৌপদী অর্জন করে স্বয়ম্বর সভা।

রাধা বড়ো অভিমানী

রাধা মান করেছে শুনে কেঁপে উঠল দেহখানি,

যোগমায়া ছেড়ে দুনয়ন খোলে চিন্তামনি।

দেখে প্রলয় সমীপে আর নেই দেরি,

চিন্তিত হলেন বৈকুণ্ঠের শ্রীহরি।

স্তব্ধ স্তুল ক্ষণকাল জগতের প্রাণী,

বিস্ময়ে চেয়ে রয় পশুপাখি বনের হরিণী।

গাভী যত দুগ্ধ পানে হয়েছে বিরত,

ভুলেছে ময়ূরী তার প্রণয়ের নৃত্য।

যমুনার জল করে না কলকল,

সখীদের আঁখি করে ছলছল।

পবন বহে না কেনো আর সোঁ সোঁ রবে?

প্রাণোচ্ছল থেমে গেল নিমেষে নিরবে।

বিরহে রাধা কাতর বসে কদমের তলে,

জ্ঞান শূন্য হয়ে ভাসায় নয়নের জলে।

শৃঙ্গার রসে মজেছে প্রাণ মিলনের তরে,

বাতাস ছুঁয়ে গেলো

স্পন্দন হীন বসে রাধা পুরায় নিষ্কাম প্রেমেরে।

সখীরা ছিল বনে, লীন হল তারাও কৃষ্ণ প্রেমে,

ত্রিভুবন মজালো প্রভু শুধু কৃষ্ণ প্রেমের নামে।

রাধা মান করেছে জেনে হাসে গোবিন্দ,

একি হল! ত্রিলোক রবে কি নিরানন্দ?

যার শ্বাস প্রশ্বসে চলে প্রাণ,

সেই রাধা করেছে অভিমান।

যাব আমি ব্রজে ধরিবো রাঙা চরন,

প্রাণের ভিক্ষা চেয়ে করিবো মানভঞ্জন।

যদি না রয় সৃষ্টি, শূন্য এই মহাশূন্যে...

বন্ধ হবে কালের চক্র আমি একেলা নির্জনে!

প্রমাদ গুনে শঙ্কামনে উঠে অবশেষে,

শঙ্খ চক্র গদা হাতে আইল রাধা পাশে।

ত্রিভঙ্গ মুর্তি ধরে দাঁড়াল কদমের তলে বাঁশি হাতে,

মুগ্ধ প্রাণী জগৎ দেখে রাধা বামে লয়ে যুগল মুর্তিতে।

প্রাণ বায়ু সঞ্চার হয় সকল জীবের মাঝে,

স্বর্গ হতে দেবতারা পুষ্পবৃষ্টি করে।

স্মৃতির মোহ

একবারই প্রেম এসেছিল নিরবে

দোলা লেগেছিল মনের কোণে,

ষোড়শী বয়ঃসন্ধিকালে,

দেহের অমূল্য উপ'বনে।

চুপিচুপি বলে গেল কি যে সে কথা,

না বোঝার যত ইশারা,

বয়েছি আজও তার গোপন ব্যথা,

শুষ্ক হৃদয়ে পিঞ্জরে দিয়েছে ধরা।

অশ্রু জলে ঝরায় যদি বিরহ ব্যথা,

স্মৃতিটুকুর সেই মুহূর্তের পল্,

কেমন করে বলবো তারে হে প্রাণনাথ,

একদিন তুমিই করেছিলে ছল্।

পরশমণি

ব্যর্থ জীবন গড়িয়ে গেল

খুঁজতে পরশমণি,

ছিন্নভিন্ন হয়ে গেল

নিজের দেহ খানি।

প্রত্যেকে ভাই বসে আছে

ছিপ্ টি ফেলে জলে,

অমূল্য সময় হারিয়ে দিল

মিথ্যে খুঁজার ছলে।

একাগ্রতা কর্মের জোরে

মনের শক্তি বাঁধে,

পরশ পাথর মিলায় তারে

ভক্তির সুরে সাধে।

লক্ষ্যবিহীন জীবন যত

ঘুরছে যথা তথা,

পরশ মণির ছোঁয়া কোথায়

জীবন হলো বৃথা।

অন্যের খোসামোদ ছাড়ো

গুরুবাক্য শোনো,

সুখ যদি পেতে চাও

নিজের মহত্ত্ব জানো।

আমরা সবাই পরশ পাথর

নিজেই নিজের মতো,

সহস্র গুন লুকিয়ে আছে

কেউ খুঁজি না তো।

গরিবের ভগবান

আহারের নিমিত্তি   যাযাবর পেশা বৃত্তি

বহু সংখ্যা লোক।

আজও মোর দেশে কোনে কোনে আছে বসে

তারা জয়ী হোক।।

ওরা চলে রাস্তা ধরে   দুঃখ যত কাঁধে করে

ত্যাগিয়া প্রত্যাশা।

বাঁচিবার অধিকার   লড়াই চলে তাহার

জাগে সেই আশা।।

বুকে ধরি দীন দুখী   মেহনতী ক'রে সুখী

আজ বিধি বামে।

প্রতারিত হয়ে যারা পায়ে হেঁটে চলে তারা

সুখী নিজ ধামে।।

বাতাস ছুঁয়ে গেলো

দৈবক্রমে পরযায়ী   রেলে কেটে ধরাশায়ী
জীবন্ত মরন।
বিরত সে অধিকার   সত্তা ভোগী সরকার
ব্যথা নিদারুণ।।

কষ্টের ঘানি টানছে   দুঃখের বোঝা বইছে
দেখিয়া বিহ্বল।
চোখের জলে ভরেছে   ধরা মলিন পরশে
উথালপাতাল।।

গ'ড়ে তোলে পৃথিবীরে   মরে তারা অনাদরে
মজদুর ভাই।
তাদের কষ্টের কথা   লেখা আছে যথাতথা
কর্মক্ষেত্রে পাই।।

শক্ত করে ধর হাত   জোগাবে পেটের ভাত
যদি তারা বাঁচে।
ধনীর মান সম্মান   আছে বড় অবদান

বাতাস ছুঁয়ে গেলো

গরিবের কাছে।।

বড়ো বেহাল অবস্থা   সরকারের ব্যবস্থা

হলো যে বেপর্দা।

মহামারী বাড়ে অতি   দেশ দশে হল ক্ষতি

চিন্তায় সর্বদা।।

সড়ক আর স্টেশনে   বাসের অথবা ট্রেনে

যত পরেশানি।

খিদের তাড়নায়   অবিরাম পথ চলায়

মৃত্যুর হাতছানি।।

প্রাকৃতিক দুর্যোগের   কৃষক শ্রমিকদের

বড়ই আঘাত।

যেদিকে তাকাই চোখ   গরিবের নেই সুখ

অদৃষ্টে ব্যাঘাত।।

ওই ডেকে কয় শোন্   গরিবের ভগবান

চাই দু'মুঠো অন্ন।

বাতাস ছুঁয়ে গেলো

তার বেশি নেই আশা   তবু করিলে নিরাশা

ভরসা হল ছিন্ন।।

ঘরে ঘরে দীপ জ্বেলে মন্দিরে আসন পেতে

পূঁজিলাম তোরে।

সেই ভক্তি যাবে পৌঁছে এখনো কি বাকি আছে

পরীক্ষার তরে।।

অন্যায়ের অত্যাচারে   গরিব কেন যে মরে

হয়ে আতুর।

বুদ্ধিজীবী মুখ দর্শক   জনতা হয় অবাক

শাসক অতি নিষ্ঠুর।।

ভালোবাসার দাড়ি কমা

সেই কবে ভাসিয়েছি ভেলা

জলের স্রোতে উজান চলে

এখন কি যায় তারে টেনে তোলা?

মনের ভিতর শত ছিদ্র

ষড়রিপু দেয় মাথাচাড়া,

ক্ষনিকের তরে আসে

ক্ষনিকের তরে যায় চলে,

কারে ছেড়ে কারে ধরি

হাত পা নেড়ে অসহায়ে বসে পড়ি

এই তো চলছে জীবন তরী।

সেদিন নির্জন পথটি ধরে

চলেছি একা আনমনে,

প্রাক্তন প্রিয়সী মাধবী এসে

ডাকলো আমায় অতি গোপনে।

বাতাস ছুঁয়ে গেলো

দেখিলাম চাহি সুন্দর মুখখানি

সিধা সিঁথি, লাল টিপ, বিন্নী দুখানি,

নীলাম্বরী শাড়ি, আঁচল গোঁজা কোমরে

মৃদু হেসে কামুক ঠোঁটে জীজ্ঞাসিল মোরে,

তুমি কি তেমনি আছো যেমনটি ছিলে আগে?

কহিলাম তারে বিনা সংকোচে-

নদীর স্রোত কি বন্ধ হতে পারে?

যদি না বাঁধে তারে!

চলেছে জীবন অতি সুন্দর নয় তেমন

শাসন,বারন, ভুল ধরিবার

নেই কোনো জন।

স্মৃতির ছাঁয়ায় মাঝে মাঝে মনে পড়ে

সেই জোছনা রাতে তারার সমাবেশে,

একটি চুম্বন রেখা টেনেছি তোমার ঠোঁটে,

আজও তার গন্ধ লেগে আছে।

ভুলিনি তো সে মোদের দুজনের ভালোবাসা

সময়টা শুধু পেরিয়েছে স্মৃতি গুলো রয়েছে আঁকা।

তুমি বলো দেখি কত হলে সুখী ?

পেয়ে নতুন খেলোনা ?

বাতাস ছুঁয়ে গেলো

হয়তো পরিমাপ টুকু জানা নেই তোমার,

নতুনের স্বাদে পুরাতন ছিঁড়ে ফেলেছো বারবার।

গোধূলি বেলায় বসেছি কত নদী তটে

মুক্ত আকাশে ফিরেছে পাখি আপন বাসায়,

ঝিঁঝিঁ পোকার ডাক আর রাখালের হাঁক

নদীর জলের ঢেউ ছুঁয়েছে চরণ দুখানি,

পুরানো স্মৃতি এখনও বুঝি আঁকি

মনের চিত্রপটে।

একটি গ্রাম

সকাল সন্ধ্যে কলসি কাঁখে গায়ের বধূ চলে ঘাটে,

আম জামের সবুজে ঘেরা পথটি গেছে নদীর তটে।

রাখাল কৃষক ভাটিয়ালি গান গেয়ে যায় মনের সুখে,

ওই গ্রামের শেষ সীমানায় মোর কুঁড়েঘর টি আছে ঠেকে।

বাতাস ছুঁয়ে গেলো

নদীর বাঁকে ধানের ক্ষেতে ফড়িং যত বেড়ায় ওড়ে,

সারি সারি গামছা মাথায় মাছ ধরে ওই ডোঁঙায় চড়ে।

সাঁঝের বেলায় আকাশ ভরে কালো ধোঁয়ায়,

কালবৈশাখীর মেঘ গুলো সব নৃত্য করে হাওয়ার দোলায়।

সারি সারি তালের গাছ দাঁড়িয়ে আছে পুকুর পাড়ে,

দুপুর হলে রাখার ছেলে ডাংগুলি সেথায় খেলা করে।

ছোট্টো আমার গ্রাম খানি নাম ছিল তার হরিপাল,

এখন সেথায় এসব বিরল গড়েছে প্রাণহীন এক মফঃস্বল।

লঘু কথা

প্রকৃতি দূষণ ছিল অনেক আগেই

এখন হয়েছে বিষাক্ত

বললো হেসে-নন্দলাল ভক্ত।

রাতের অন্ধকারে-

মানীরা যায় মান বেঁচতে,

পতিতার ঘরে।

চরণের তলে সব কিছু দিয়ে বিসর্জন

কি যে পরমানন্দ চরিতার্থ ক'রে-

ফিরে আসে ঘরে,

সে তো বলা যায় না সবার গোচরে।

কারণ সেখানে থাকে দুলে বাগদীর মেয়ে।

আরও আছে? চম্পা,পুষ্প,সন্ধ্যা,কালি

তারাও মিটায় নাকি, শুনেছি ওদেরই মুখে,

বাতাস ছুঁয়ে গেলো

বাবুদের কামুকের তৃষ্ণা খালি।

ছোটো বড়োর নেই কোনো বালাই

সেখানে একই থালীতে খায় সবাই,

গুপ্ত কোনে যদি শান্তি থাকে এতো মনে?

বাইরে কেন বাঁধে জাত ধর্মের লড়াই।

কানুন বলে এতে নেই কোনো পাপের ভয়

বিবেচনায় বাঁধে যার সে যেন দূরে রয়।

দেশের উন্নতি স্বরোজগারের প্রতিচ্ছবি

আধুনিক কালে সমাজ গঠনের মুখ্য ভোজবাজি।

কৌতূহল

জীব শ্রেষ্ঠ মানুষ আমরা

কতই অবদান,

তবু ক্ষনে ক্ষনে চলতে হয়

মুঠোয় নিয়ে প্রাণ।

দুঃসাহসী পন করি তাই

নানা ছলে কলে,

বিধাতারেও দূরে ঠেলি

আপন বাহু বলে।

যা করেছি ধরায় সবই

শ্রেষ্ঠ তাও জানি,

কৌতূহলে করেছি কিছু

বিনাশকারী মানি।

বাঁচার মত বাঁচতে হলে

কঠিন কে কর জয়,

ভাঁটার জলে গা ভাসালে

বুদ্ধি হবে ক্ষয়।

ঈশ্বর হলো সৃষ্টির শ্রষ্টা

সেই অপরাজিতা,

তাঁর নিপুণ হাতের গড়ন

তবুও ব্যাকুলতা।

বিশ্বের দরবারে উঠেছে

আজ হা হা কার,

সেও কি শ্রষ্টার সৃষ্টির

গুপ্ত বিস্ময়কর!

পৈশাচিক অত্যাচার কেন

দাঁড়িয়ে ছিলাম রেল লাইনের ধারে

আবছা আলো আঁধারে,

বাবলা গাছের ফাঁকে ফাঁকে

সপ্তমীর চাঁদ উঠেছে বেঁকে।

কিছু দূরে গাছের আড়ালে দেখি,

মানুষ রূপে ভূত,ছুটে গেল বিপরীতে মুখে

আর্তনাদ শুনে গেছি গাছের নিচে।

মরণাপন্ন হয়ে, একটি মেয়ে পড়ে সেথায়

বিভৎস দৃশ্য দেখে হাত-পা কাঁপে আমার

কি করি উপায় বুদ্ধি আসে না আর,

ছেড়ে পালিয়ে পাবো পরিত্রাণ

কিন্তু তার দেহে এখনো আছে প্রাণ।

মানবতার টানে পুলিশে ফোন করি শেষে

মিনিট বিশেক পর দুজনকে নিয়ে গেল এসে।

বাতাস ছুঁয়ে গেলো

থানা হাসপাতাল ছেড়ে বুঝলাম অবশেষে

অতি গভীর প্রেম ছিল দু'জনের মাঝে।

দুদিন পর হাত-পা ধরে কেঁদে কহে মোরে,

তোমার কাছে ঋণী বাঁচালে এ যাত্রা আমারে।

কহিলাম তারে,জানতে ইচ্ছা করে

কেন গেছিলে সেদিন যমের দুয়ারে।

দুনয়নে ঝরে জল কহিল সুকুশল

মিথ্যা প্রবঞ্চনার জালে জড়িয়েছি অতি লোভে,

মিষ্টি মধুর বচনে কাঁচা মোর কোমল প্রাণে

ভালোবাসা বেঁধেছিল বাসা, অতি সঙ্গোপনে।

ভালো বাসেনি তো সে বুঝেছি অবশেষে,

ছলনার ছলে কহিল ডেকে,

পূর্ণ কর পিপাসা মোর যৌবন আহুতি দিয়ে।

সর্বাঙ্গ থর থর করে উঠিলো কেঁপে,

বাঘিনীর মত গর্জন করে উঠিলাম শেষে

কাপুরুষ,কায়ের,ম্লেচ্ছ পশুর অধম,

কুমারীত্ব ছিন্নে মোটেই নেই তোমার লাজ শরম!

কেন তবে ভালোবেসেছিলে মোরে?

আসক্তি যদি এতই শরীরের পরে

চলে যেতে বেশ্যালয়ে?

যাহা পুরুষেরা মিটায় মনের বাসনা

সামাজের লুকানো ঘরের কোণে ?

এতেক শুনে ধরলো মোর চুলের মুঠি টেনে

যেমন ব্যাঘ্র ধরে হরিণ শাবক ক্ষুধার টানে,

নিস্তেজ হয়ে পড়িলাম ভূতলে,

এক নয় দুই নয় মাংস ছিঁড়ে খাচ্ছে যেন কত শৃগালে।

তারপর??

জানি না কত হল অত্যাচার!!

চোখের জল মুছে দিয়ে বললাম তারে,

আবার জীবন শুরু কর নতুন করে

কি হবে ভেবে? শেষ হল এক অধ্যায়

সংগ্রামই ভৌতিক জীবের মুক্তির উপায়।

চাঁদের কলঙ্ক ধুতে ধুতে চৌদ দিন লাগে,

পুনর্জীবিত হয় শুক্লাপক্ষের প্রতিপদ রাতে,

তুমি কেন পারবে না ? দাড়াতে সমাজের বুকে।

শান্তনা পেয়ে কহে হেসে,

নিন্দুকেরা করেছে অসহায়,যত নারী জাতি

বাতাস ছুঁয়ে গেলো

বল প্রয়োগে অথবা মিথ্যা রটনার সাথে,

এটাই তো বড়ো অস্ত্র পুরুষের কাছে।

কুদৃষ্টি, কুকথা যত নানাবিধি গালি

সবই তো আমার কপালে-

না চাইতেই ভরলো এসে ঝুলি।

পিতৃ ধন

দেখছি পিতার শান্ত মুখ

হাজারো ঝড়ের মাঝে,

নির্ভীক দাঁড়িয়ে কালপুরুষ

কর্তব্যের মাঝে।

বিপদ বিঘ্ন যতই আসুক

সহে নীডর হয়ে,

ভালোবাসার কাঙাল সে তো

নীরবে থাকে চেয়ে।

দিয়ে যায় সব কিছু

চায়না প্রতিদান,

কঠোর হয়েও দুর্বল সে

সংসারের প্রাণ।

বাবার মত নেই তো কেউ

যেন বটের ছায়া,

হাসি খুশি জীবন কাটে

প্রেম প্রীতির মায়া।

হারিয়েছে যারা পিতার সুখ

দুঃখী জীবন ভর,

তারাই বোঝে পিতার মান

ভালোবাসার অনাদর।

প্রবঞ্চক

অন্যায়ের প্রতিরোধ নেই,

একদিকে শোষণ অন্যদিকে কুণ্ঠা

সমাজের বিচিত্র এক খেলা।

কিংকর্তব্যবিমূঢ়,পদে পদে আত্মগ্লানি

তবুও বেঁচে থাকার রণকৌশল।

আশ্চর্য গুণে ভরা এই মহান সৃষ্টি ধরা।

শুভ্র গিরিচুড়া বিস্তৃত ভূমি পাদদেশে শীতল সমুদ্রে ভরা
জলরাশি,

উন্মুক্ত আঁচল খানি উড়ছে হাওয়ায়

কোটিদেশে ভাঁজে ভাঁজে সৌন্দর্য বনানী,

রক্ত গোলাপ ভুবন আলো করেছে।

হীরের খনি জহরীর চোখে উন্মত্ত নেশা,

গোপন রুদ্ধ দ্বার ভাঙার গোপন চাবিকাঠি,

শিখেছে সে তার গুরুর কাছে, বর্তমান বৃন্দাবন বাসি।

হাতুড়ির আঘাতে খুটখাট শব্দ চলে অবিরত...

ভয় আর আবেগের দহনে তালার হাতল ভেঙে পড়ে
অনায়াসে,

বাতাস ছুঁয়ে গেলো

চারিদিক মুখরিত হয় সর্পের হিস্ হিস্ স্ স্
শব্দে।

সমুদ্রের জলের ঢেউয়ে কেঁপে উঠে বালুচর

আনন্দে আত্মহারা চিৎকার ক'রে, ভেঙেছি ভেঙেছি,

জয়ী আমি বিশ্ববিজেতা।

সমস্ত আত্মসাৎ করে নিতে চায় ঝুলির মধ্যে,

পারে না! পারে না! সমস্ত শক্তি শীতল হয়ে পড়ে,

সূর্য ঢলে পড়ে গোধূলি বেলার রাতের অন্ধকারে,

এক মহাপ্রলয়ের আত্ম সমর্পণ।

সন্ধি হয় অলিখিত ঘোষণা পত্র,

শুরু হয় চোর পুলিশের নতুন খেলা।

প্রতারনা চলে সমাজের উপর থেকে নিচুতলার অবৈধ
চোরা কারবারি।

খাদ্য নিয়ে খাদকের নৃশংস শোষণ,

জঘন্য, বিকৃতি মানসিকতার একপ্রকার

বিষধর সাপের আনাগোনা।

পরিত্রাণ শুধু আত্মাহুতি! কেন? কেন?

নিদারুণ এ অবস্থা, পুরুষেরাই করেছে রচনা।

উঠবে একদিন জেগে, পালাবি কোথায় সেদিন?

চোরের মত ধরবে টুঁটি চেপে ঢুকাবে গারদ ঘরে।

বাঁচতে দাও ওদেরও আজ সমান অধিকারে ।

চরণ দাসের ঘাটের কথা

হ্যাঁ , আমি আপনাদের চরণ দাস

না না কিছু চাইতে আসেনি,

ওই যে মুখুজ্জ্যে পাড়ার অমলের খুড়ি নন্দিনী?

বলছিলো সেদিন ঘাটে..

লক ডাউন টা তার নাকি ভালোই হয়েছে বটে,

শ্যামলী ঘোমটা খুলে জিজ্ঞাসে,কেন খুড়ি?

- বলিসনে আর সারা জীবন জ্বালিয়েছে মিনসে আমার,

শোধটা এবার নিলাম তুলে লক ডাউনে তার।

পাশে ছিল হারানের বউ গলা বাড়িয়ে বললো, জানি খুড়ি...

ভাত রান্না করিয়েছো, বাসন মাজিয়েছো, কাপড়
কাঁচিয়েছো। আর কি!!

- আরে ধ্যাত শুনবি না পুরো কথা মাঝখানে উঠাবি মুড়ো ঝ্যাটা।

ওই যে বলে না ? ডিস-টিন-শন ? দূরে দূরে থাকা।

ওটাই তো সবচেয়ে বড়ো কাজের কথা।

করোনা তো বাঁচিয়ে দিল করেছি মানত শীতলা তলায়।

কাশির মা দাঁত খিঁচিয়ে বলে, শুনলে কথা গা জ্বালায়,

বলি এমন কথাও কি ঘাটের মাঝে বলতে হয়?

- ক্যান, সরকার যে নিয়ম করে পুরো দেশে আইন করালো,

এক এক মিটার দূর, মুখে কাপড় বাঁধা, হাতে সাবুন লাগানো,

এসব কি মিথ্যে কথা,তোরা দিনের বেলায় মানিস, রাতের বেলায় মানিস না?

ছিঃ ছিঃ আমার মুখ খুলাস নাতো।

তোদের সব কটারে চিনি?

সরলা ছিল পাশে, বাচ্ছাটারে কোলে নিয়ে বললো,চলো দেখি পিসি।

তুমি থাকলে ঘাটে এরা সবকিছু রটাবে।

 ঐ- যে- দূরে -বসে চরণ দাস তার বেতারে খবর পাঠাবে।

- উহু, আদিখ্যেতা চল দেখি মিনসে আবার ঘরে বসে ক্যাও ক্যাও করছে হয়তো?

পরপীড়া

রজনী পোহাতে ডাকিয়া কহিল লতায়,

শুভ্র সুগন্ধি ফুল কেন ঢাকিয়াছো পাতায়।

ফুটিয়াছে সে ফুল কবে কাহার অপেক্ষায়?

যদি না আসিলো ভোমর যৌবনের বেলায়।

ওরে বাঁধিয়া রাখিস না আমায়

ছাড়িয়া দে রে উত্তাল হাওয়ায়

নব যুগে নব কল্লোলের তালে

জীবনকে রাঙাই সুখের পলে পলে।

ক্ষণিকের অতিথি আমি এই সংসারের,

খোঁপায় নয়তো গলায় কিংবা অতিথি মন্দিরের।

আতরের গন্ধে নিষ্পেষিত হব বাসর ঘরে!

রাত পরীদের শোভা বাড়াবো বাসনার তরে।

অবশেষে মূর্ছিত, পদদলিত করে বিসর্জন দেবে জলে,

পরের তরে ফুটিবো মোরা নিজের তরে নেই কোনোকালে।

এখনো মানব ঠকিয়ে চলেছে সূচি অসূচিতার দোহাই দিয়ে,

ফুটেছিল যারা রাতের অন্ধকারে আর দলিতের ভগ্নালয়ে।

বঞ্চিত তারা বিধাতার অপরূপ সৃষ্টির ধরাতলে;

বেঁধেছে বেড়ি শাস্ত্র আর সবলের শোষণের কবলে।

না ছড়াক সুবাস?সৌন্দর্যের প্রতীক তবুও সে,

দাও তাহারে ছাড়িয়া ডানা মেলে উড়ুক খোলা আকাশে।

মিলনের ডাক

আমি ধরেছিনু শক্ত হাতে লাঠি,

ভাঙবো কাহার পিঠে,

দেশটা আবার ছেয়ে গেল

ওরে আবার ছেয়ে গেল

জাতি,ধর্ম উঠে।

তুষের অনলে জ্বলছিলো সে

বাতাস ছুঁয়ে গেলো

হাওয়া কে দিলো তাতে,

সম্মুখে যে দেখতে পারি,

ওরে সম্মুখে যে দেখতে পারি

আপনজনের মুখে।

ছোটো বড়ো বিভেদ ক'রে

আজও ফিরি অন্ধকারে,

ছুঁয়া ছুঁতের বালাই ধ'রে

ওরে ছুঁয়া ছুঁতের বালাই ধ'রে

ভারত বিশ্ব গুরু হবে কি রে।

জন্ম যখন একই ঘরে

মরবো আবার তারই পরে,

বৈরী করে হবে কি আর

ওরে বৈরী করে হবে কি আর

আয় চলে আয় মায়ের কোলে।

ভাঙবে যখন ভুলের নেশা

পাবি কি আর সঠিক দিশা?

থাকতে সময় করো বিচার,

ওরে থাকতে সময় করো বিচার

যে আল্লাহ সেই হরি মাঝে কেন আমরা মরি।

আর নয়

পৃথিবী হোক মুক্ত, খুলুক বেঁড়ি বাঁধার,

দম্ভের আসনে, দাম্ভিকেরা আজ সোচ্চার।

নিপুণ সৃষ্টিতে স্রষ্টা যেথায় উদার,

মানব করেছে তাহা অত্যাচার।

অধিকার কেড়ে কিসের মানবতা?

সুখ শান্তি নয়, একক বিলাসীতা।

সত্তা মোহ ত্যাগ হও ধরনীর দাতা,

নাকি আবার হারাবে পৃথিবী সভ্যতা!

জল,স্থল,নভঃ কাঁপছে থরথর,

সবলে করেছে দুর্বলেরে প্রহার।

সভ্য রাষ্ট্রের একি! কুটনৈতিক বিচার?

ধরা পিষছে, প্রাণ ওষ্ঠাগত প্রজার।

বাতাস ছুঁয়ে গেলো

উতিন পুতিন সব হবে একাকার,

যদি বিশ্ব যুদ্ধ বাঁধে আর একবার।

বিনাশকারী আছে যত হাতিয়ার,

পড়বে ধরাধামে, একক নাচবে ঈশ্বর।

ধ্বংসের স্তুপ দেখবে দিকে দিকে,

অসহায় আর্তনাদ উঠবে বাঁকে বাঁকে।

কালো ধোঁয়ার মেঘ আকাশে ঝাঁকে ঝাঁকে,

বাঁচার লড়াই হবে মৃত্যুর ফাঁকে ফাঁকে।

সভ্য অসভ্য দুইয়ে মিলে মৃত্যুর নাচন,

বোমারুর মাঝে কে শোনে কার কাঁদন।

সৃষ্টিরে লয়ে,কেন করে এমন প্রলয় মাতন?

ধ্বংস নয়! শান্তি চাই! সৃষ্টিরে করো যতন।